重庆市艺术科学研究规划项目"西南地区传统非遗古镇的品牌创新路径研究",项目编号:23ZD02。

重庆市教育委员会科学技术研究项目"科技赋能+艺术创新:重庆历史街区品牌推广的智能传播模式构建研究",项目编号:KJQN202201002。

重庆市教育委员会人文社会科学研究项目"重庆城市形象提升下传统"非遗"老字号品牌的创新设计研究",项目编号:22SKGH277。

城市品牌形象提升与创新路径研究

赵 炜 ◎ 著

吉林出版集团股份有限公司
全国百佳图书出版单位

图书在版编目（CIP）数据

城市品牌形象提升与创新路径研究 / 赵炜著 . -- 长春：吉林出版集团股份有限公司，2023.6
　　ISBN 978-7-5731-3909-2

　　Ⅰ . ①城… Ⅱ . ①赵… Ⅲ . ①城市管理—品牌战略—研究—中国 Ⅳ . ① F299.23

中国国家版本馆 CIP 数据核字 (2023) 第 128703 号

城市品牌形象提升与创新路径研究
CHENGSHI PINPAI XINGXIANG TISHENG YU CHUANGXIN LUJING YANJIU

著　　者	赵　炜
责任编辑	息　望
封面设计	李　伟
开　　本	710mm×1000mm　　　1/16
字　　数	200 千
印　　张	12.5
版　　次	2024 年 1 月第 1 版
印　　次	2024 年 1 月第 1 次印刷
印　　刷	天津和萱印刷有限公司

出　　版	吉林出版集团股份有限公司
发　　行	吉林出版集团股份有限公司
地　　址	吉林省长春市福祉大路 5788 号
邮　　编	130000
电　　话	0431-81629968
邮　　箱	11915286@qq.com
书　　号	ISBN 978-7-5731-3909-2
定　　价	75.00 元

版权所有　翻印必究

作者简介

赵炜，四川美术学院教师，硕士研究生导师，中国教育学会会员。曾获未来设计师·全国高校数字艺术设计大赛"优秀指导教师奖"、中国高等院校设计作品大赛"优秀指导教师奖"、全国计算机设计大赛"优秀指导教师奖""中国高校设计教学名师奖"等称号。作品获得第三届东方创意之星设计大赛银奖、未来设计师·全国高校数字艺术设计大赛三等奖、"博物馆儿童教育研究的理论与应用"获得重庆市本科高校微课教学比赛三等奖、"亲子美育品牌建设——博物馆公共美育"获得2022未来设计师·全国艺术设计教师教学创新大赛三等奖。

前　言

城市如同人的面孔，每个城市都有自己独特的形象，这些特有的形象或源于城市地理特征、自然景观，或源于城市人文建设……形成了独特的城市品牌符号、品牌形象和品牌定位。

在现代化日益发展的今天，城市越来越成为人们主要的生存场所，城市与城市之间的交流及竞争也越来越激烈和频繁。进入21世纪以来，城市形象塑造以及由城市形象获得提升的城市竞争力成了城市发展更为重要的战略手段。同时，我们发现，在城市建设快速发展的同时，其工业化的现象十分明显，千城一面的现象并不为奇。如何使城市具有与众不同的个性魅力、鲜明的文化内涵与识别特征，以形成独特的城市品牌形象，提升中国城市在国际上的影响力，同时也通过城市品牌的个性魅力来推动城市持久发展，是现代城市发展过程中亟待解决的问题。

城市品牌涉及城市形象与营销推广等内容，但内涵又完全超过这些内容。城市品牌形象建设必须是基于历史和地域空间基础上的考虑，结合城市实际情况，从物化的具体事物，如城市地理环境、区域优势、自然资源，以及非物化的文化理念，如城市人文精神、民俗风情、文化内涵等方面考虑，从多个层面塑造城市品牌形象的多重内容：城市品牌符号、城市定位、城市系别系统等。多方面对城市品牌形象进行挖掘和整合，科学定位，合理开发资源，创建文明的居住环境，引导城市科学健康发展。

本书内容共分为五章。第一章为城市品牌形象概述，主要介绍了三个方面的内容，分别是城市品牌形象相关概念、城市品牌形象的维度与定位、中国城市品牌形象建设发展现状。第二章城市品牌形象的构成要素，包含三个方面的内容，分别是城市品牌形象的视觉识别系统、城市品牌形象的精神识别系统、城市品牌形象的行为识别系统。第三章为文化理念对城市品牌形象的提升，主要介绍了三个方面的内容，分别是"以人为本"对城市品牌形象的提升、"地域文化"对城市品牌形象的提升、"可持续发展"对城市品牌形象的提升。第四章为城市品牌形象的提升路径，主要介绍了四个方面的内容，分别是景观、建筑对城市品牌形象的提升、公共艺术空间对城市品牌形象的提升、城市环境对城市品牌形象的提升、城市"非遗"老字号品牌创新。第五章为城市品牌形象创新路径，包含两个方面的内容，分别是智慧城市规划提升城市品牌形象、数字时代下城市品牌形象的传播。

在撰写本书的过程中，作者得到了许多专家学者的帮助与指导，参考了大量的学术文献，在此表示真挚的感谢。但由于作者水平有限，书中难免会有疏漏之处，希望广大同行及时指正。

赵 炜

2023 年 2 月

目 录

第一章 城市品牌形象概述 ... 1
- 第一节 城市品牌形象相关概念 ... 3
- 第二节 城市品牌形象的维度与定位 ... 7
- 第三节 中国城市品牌形象建设发展现状 ... 17

第二章 城市品牌形象的构成要素 ... 31
- 第一节 城市品牌形象的视觉识别系统 ... 33
- 第二节 城市品牌形象的精神识别系统 ... 49
- 第三节 城市品牌形象的行为识别系统 ... 75

第三章 文化理念对城市品牌形象的提升 ... 89
- 第一节 "以人为本"对城市品牌形象的提升 ... 91
- 第二节 "地域文化"对城市品牌形象的提升 ... 103
- 第三节 "可持续发展"对城市品牌形象的提升 ... 121

第四章 城市品牌形象的提升路径 ... 129
- 第一节 景观、建筑对城市品牌形象的提升 ... 131
- 第二节 公共艺术空间对城市品牌形象的提升 ... 139
- 第三节 城市环境对城市品牌形象的提升 ... 145
- 第四节 城市"非遗"老字号品牌创新 ... 151

第五章 城市品牌形象创新路径……………………………………161
　第一节 智慧城市规划提升城市品牌形象……………………163
　第二节 数字时代下城市品牌形象的传播……………………173

参考文献………………………………………………………………187

第一章　城市品牌形象概述

　　研究一个领域，要对该领域的基本情况和主要内容有清晰的了解。本章为城市品牌形象概述，主要从城市品牌形象相关概念、城市品牌形象的维度与定位、中国城市品牌形象建设发展现状三个方面进行简单的探讨。

第一节　城市品牌形象相关概念

城市品牌形象的树立和发展离不开城市规划、城市管理、企业形象、产品品牌等相关学科，也因此彰显出城市品牌建设显著的学科交叉与学科综合的特点。现在学界对城市品牌形象的定义还不够明确清晰，每个学科都有自己的见解及理论依据。准确地说，城市品牌形象包含了城市品牌以及城市形象这两个概念，也就是以建立城市品牌为策略，打造出独特的城市形象。

一、品牌与城市品牌

"品牌"这个词是从古斯堪的纳维亚语"Brand"一词翻译而来的，也指燃烧、烙印。之前，品牌主要存在于市场营销学中，现在已经被广泛使用于多个学科领域，不同的学科领域从不同的专业角度给品牌下了不同的定义。美国市场营销协会（AMA）把"品牌"定义为：用以识别某个销售者或某群销售者的产品或服务，并使之与竞争对手的产品和服务区别开来的商业名称及其标志，通常由文字、标记、符号、图案和颜色等要素或这些要素的组合构成。著名的品牌大师奥格威认为品牌是一个错综复杂的象征，它是品牌属性、名称、包装、价格、历史、声誉、广告方式无形的总和。而现代西方品牌管理理论则认为品牌识别是一项产品或服务形成品牌的精髓，或者说是建立品牌管理体系的核心，因为它决定着品牌最初的定位、个性、视觉符号，一直到最后的传播和监管。综上所述，品牌不仅是简单的标志和符号，它更主要表现为一种复杂的综合象征，品牌是品牌主体无形资产的浓缩，并以其特定的"信息"或"符号"被大众认知和识别。

美国杜克大学富奎商学院凯文·莱恩·凯勒教授指出："如同产品和人一样，地理位置也可以成为品牌。在这种情况下，品牌名是根据某个特定的地理名称确定的。品牌的功能，就是让人们认识和了解这个地方，并对它产生一些好的联想。"[①] 由此引出了城市品牌的概念。

---

① 凯文·莱恩·凯勒.战略品牌管理 [M].李乃和，李凌等，译.北京：中国人民大学出版社，2003.

品牌就是借助一些信息和符号给商品打造一个独特且有高辨识度的形象。在此意义上，城市的品牌也就是给城市打造出一个为人熟知的形象。① 这里说的城市品牌并非单指一个城市的名称，而是更深层的，以整个社会及公众对这个城市的认同程度为基础的具有典型意义的称谓。

一个独特的城市品牌也是构成城市竞争优势的重要部分。举例来说，威尼斯水城、度假胜地马尔代夫、时尚发源地巴黎等，这些城市品牌已经成了城市的名片，它帮助城市在更大的范围内聚集资本、技术和人才，提高城市的经济价值，为城市后续更好的发展提供动力。2008年北京奥运会，让世界人民了解了北京这座城市，奥运的品牌要素为北京带来了巨大的经济价值和品牌效应。奥运场馆建筑不仅仅是运动场所，更是北京品牌形象的识别符号。20世纪80年代开始，中国的山东潍坊就在努力经营"国际风筝之都"这一城市品牌，最终成为世界公认的"世界风筝之都"，潍坊市的GDP也实现跃升，从之前的50亿增长到500亿，这个例子可以证明，成功的城市品牌的确可以带来巨大的经济价值。②

二、形象与城市形象

"形象"这个词最早可以追溯到汉代，在汉语语境下是指人、物的相貌形状。20世纪初，中国开始用"形象"一词解释西方词语"image"，这使形象一词又有了新的含义。20世纪80年代初期，香港及台湾等地区的公共关系事业及公共关系学中常出现"形象"一词。20世纪80年代末，企业形象、组织形象、企业形象战略（CIS）等术语开始频繁地出现在公共关系实务的著述中，广州等沿海城市的企业也率先实施CIS。对于CIS人们有两种互为表里的理解：一是指企业形象战略（Corporate Image Strategy）；二是指企业识别系统（Corporate Identity System）。20世纪90年代初，有学者将企业形象、组织形象概念引入城市研究领域，提出具有新含义的CIS概念。新的CIS可以理解为城市形象战略（City Image Strategy），也可以理解为城市识别系统（City Identity System）。

城市形象并不是一个专指概念，它是对城市具象化形态的认识，是行为主体在不同的经历、经验基础上产生的对一个城市的总体感受，也是一个人对城市整

---

① 范小军.城市品牌塑造机理[M].成都：西南财经大学出版社，2008.
② 史红.关于我国城市品牌塑造的思考[J].经济师，2008（9）：64-65.

体性的感知和评价。城市形象把一个城市独具的自然、社会等要素具象化为外在可知可感的表象，人们以表象为基础对城市产生认识，并且将某些形象和城市独有的要素联系起来，这就形成了人们对一个城市本体特质的识别效应。城市形象要素的获得途径很多：有最直观的城市实体，它包括了物质、自然、人等形态；还有一些抽象与具象一起的混合形态，包括经济、社会、文化、宗教和政治制度等。城市的形象是由很多种层次、角度的信息符号一起构成的城市物质及精神文明的总体图景，它的形象可以获得内外部双重的认同。城市形象概念借助企业形象战略的理论与实践导入到城市整体战略与城市建设之中。

三、城市品牌形象

城市品牌和城市形象是两个密切联系的概念，在研究文献中也多有交叉和重叠。现代营销之父菲利普·科特勒（Philip Kotler）在其代表作《地区营销》（《Marketing Places》）一书中深刻地阐述了地方形象的设计和推广策略，把城市品牌战略与城市形象塑造有机地结合起来（图1-1-1）。

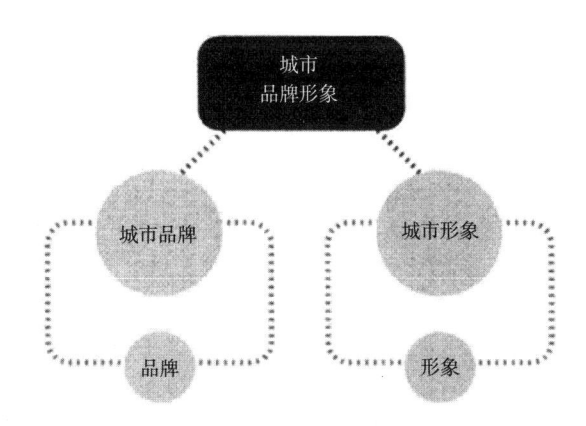

图1-1-1 城市品牌形象

由上文可知，城市品牌就是可以把一个城市与其他城市区别开来的特征，是公众用来区分、识别城市的重要依据，也是一座城市潜在底蕴和外部特点的综合呈现。城市形象简单来说就是城市总体风格及特征。塑造城市形象的最终目的是树立起城市品牌，但不能简单地用城市形象直接概括城市品牌，形象是品牌的载体，品牌在形象的加持下传播发展，能够更好地被公众识别。城市的品牌将其最有特点和辨识度的部分呈现出来，以实现区别于其他城市的识别效应。城市形象与品牌之间具有一般和特殊的关系。城市的形象侧重于将资源发掘出来进行精简后再整合到一起，目的是确立这座城市整体的特征及风格；城市品牌则更关注借助城市定位形成鲜明个性。城市品牌因其市场定位及个性而具有存在价值，一直发展、稳固自身与竞争对手的差异来保持自己的独特。[①] 从功能方面来看，城市品牌和形象有所区别，从意义方面来看，城市品牌和形象之间互为因果，城市既能够借助品牌树立形象，也能够依靠形象打造出品牌。片面地注重某一方都很难达到好的效果，所以将二者结合，统称为城市品牌形象是更加贴切的。

  城市品牌形象一方面是指城市内部以及城市外部的公众对这座城市物质环境的认识及再现；另一方面指公众在了解城市人文历史、社会伦理等多方要素后，对这个城市抽象、概括出来且具有主观性的整体评价和意象认识。城市品牌形象是未来城市理性感性兼备的印象，也是它在受众头脑、心智中形成的"图像"。城市品牌形象是一座城市为了进一步发展而采取的战略，也是必然的发展趋势。

  总而言之，城市品牌和城市形象这两个概念互为因果。当前学界针对城市品牌形象的研究还处于探索阶段，大多数的成果主要集中结合具体的案例分析上，从学理上研究的并不多见，还没有形成学科系统的理论体系。在城市品牌形象这一理论上我们可以看到明显的学科交叉特性，所以对城市品牌形象理论的深入研究将是未来城市品牌理论、城市形象理论、城市规划理论研究的重点，需要从多学科、跨学科的角度进行研究，才能不断丰富与完善城市品牌形象的理论体系。

---

① 陈建新，姜海．试论城市品牌[J]．宁波大学学报（人文科学版），2004（2）：77-81．

第二节　城市品牌形象的维度与定位

一、城市品牌形象的维度研究

"城市形象"一词最早是由美国学者凯文·林奇（Kevin Lynch）提出的。在1960年出版的《城市意象》（《*The Image of the City*》）一书中，林奇提出了"城市形象"的概念，他认为城市形象是城市居民中多数人对城市物质形态的知觉印象。物质形态包括五个基本组成部分，即道路、边界、区域、节点、地标。道路（paths）指城市观察者习惯、通常或可能走的路线，包括街道、人行道、运河、火车轨道等。由于观察者总是一边走一边观察周围的环境，因此，道路是他们对一个城市最主要的印象，是城市环境中的主导要素。边界（edges）指两个区域之间或者一个连续体的界线，包括自然边界和人工边界。自然边界指山、湖、河、森林等，人工边界指河滨、铁路通道、城墙等。尽管边界不如道路重要，但是对很多人来说仍然构成他们对某个城市印象的一部分。区域（districts）指城市中的中等到大型的地区。在人们的心目中，区域代表内部和外部两个尺度范围。从内部看，区域具有一些易于辨认的特征；从外部看，区域常被用作外部空间的参照物。大多数人就是用这种方式来构想他们心目中的城市的。节点（nodes）指城市观察者进入城市的关键点，是他们旅途抵达和出发的聚焦点，包括道路的枢纽和交通运输的终止，节点是有名可循并容易被人们记忆的。地标（landmarks）指的是建筑物、商店、山脉等人们观察整体环境的参照点，包括远处作为参照物的标志，也包括近处指方向的标识。林奇认为这五个部分并非独立存在的个体，而是相互交叉互补，共同构成了人们对城市的综合印象。

林奇通过观察者视角构成的城市形象为之后的研究提供了研究框架，然而也遭到了不少的批评。首先，他忽视了观察者的背景和经验。如果观察者的背景和经验不同，那么就很难形成一个共同的对城市形象的客观印象。其次，他强调城市形象的视觉层面和物质层面，却忽视了城市形象的精神层面和社会文化层面。

城市形象包括城市外在的"物质形象"和内在的"精神形象"，是一个城市的自然条件、历史发展和文化背景的综合表现形式，也是公众对城市发展过程中组成成分的总体认知、印象、感知和评价。具体地讲，城市形象还可以分为政治形象、经济形象、文化形象等。最后，林奇忽视了媒体在城市形象创设和传播中的作用。实际上，城市形象不是固定不变的，而是会通过各种媒体渠道不停地修正，甚至重新构建。

到了20世纪90年代，菲利普·科特勒（Phillip Kotler）提出的城市形象概念被大多数研究者所接受。科特勒认为，城市形象是人们对一个城市的信念、观点和印象的总和。也就是说，城市形象是人们对一个城市的认识。因为人们对一座城市的态度和行为都是由人们对城市的认识决定的，因此了解这种认识很重要。对城市正面积极的认识无疑能为城市形象增色，吸引更多的投资，促进城市发展。相反，对城市负面消极的认识则会使城市形象大打折扣，并对城市将来的发展产生较大的负面影响。

随着互联网等高科技信息手段的飞速发展，人们对一个城市的信念、观点和印象不仅限于对城市的亲身观察，媒体、网络空间等都影响着人们对真实世界的印象。虚拟世界与物质世界通过高科技手段而产生的大量碰撞正在严重影响甚至困扰着人们对某个城市的感知。迄今为止，已有不少的研究对城市形象的评价维度进行了讨论，不同的学者提出了评价城市形象的不同维度。1995年，布索·格拉博（Busso Grabow）等认为城市包含四种"形象"：第一种是"商业形象"，这种形象决定了经济部门或城市的经济状况；第二种是"文化形象"，这种形象不仅包括剧院、节庆活动和发生的事件等，还包括当地居民的精神状态；第三种是"历史形象"，即历史遗址、历史事件和功能；第四种是"空间形象"，包括一般建筑、代表性建筑、城市的地形结构等。2004年，米凯利斯·卡瓦拉齐斯（Michalis Kavaratzis）提出城市形象需要通过三种层次的交际而形成。第一层次与城市行为的交际效果相关，分为四个方面，即地形策略、基础设施工程、组织和管理结构、行为。第二层次指非正式的、有目的的交流，这种交流通常通过诸如室内和户外广告、公共关系、平面设计、使用标志等营销策略来进行。这种交流与传统的营销手段基本一致，也是城市最方便采取的策略。第三层次的交流指的是被媒体和竞争城市所强化的口碑。与前两个层次不同，这种交际不受营销者的掌控。2006

年，西蒙·安霍特（Simon Anholt）提出了"城市品牌六边形"理论，涵盖六个维度。第一方面为知晓程度，即城市的国际地位和名声；第二方面是地缘面貌，即人们对城市实体的认识；第三方面为潜力，即城市能提供的经济和教育机会；第四方面为脉动，即城市生活方式所显示的活力；第五方面是市民素质，即对当地居民的看法；第六方面是先天优势，即城市的品质。2015 年，谢克德·吉勒博阿（Shaked Gilboa）等认为目前大部分对城市形象的研究都仅仅研究了一所城市，并且这些研究缺乏统计验证。于是，他们提出了评价城市形象的多维度尺度。他们的模式包括四个当地居民评价的维度，即城市设施、休闲娱乐、安全感、公共服务，以及五个外来游客评价的维度，即爱心、旅游和娱乐、安全感、公共服务和休闲、招待质量。

城市品牌形象要依据城市定位来明确自身定位，它在确立自身定位的过程中寻找核心竞争力，探索城市的个性和灵魂。城市品牌形象存在价值的确立离不开它独一无二的个性差异，在此基础上可以说，城市品牌形象离不开自身的个性差异，它是建设城市品牌形象的灵魂及核心的竞争力。

二、城市品牌形象的定位研究

（一）定位的基本理论

1. 广告学的定位理论

最早出现"定位"一词是在广告业界，它是广告学的核心概念之一，最早见于 20 世纪 60 年代的美国。1969 年，艾·里斯（Al Ries）和杰克·特劳特（Jack Trout）在美国营销杂志《广告时代》和《工业营销》上发表了一系列文章，首次提出了"定位"这一概念。艾·里斯和杰克·特劳特认为："定位从产品开始，可以是一件商品、一项服务、一家公司、一个机构，甚至于是一个人，也许可能是你自己。但定位并不是要你对产品做什么事，定位是你对未来潜在顾客在心智方面所下的功夫。也就是把产品定位在你未来潜在顾客的心中。"①

广告定位这一概念归属于心理接受范畴，就是广告主借助广告活动，在消费

---

① 艾·里斯，杰克·特劳特. 广告攻心战略——品牌定位 [M]. 刘毅志，译. 北京：中国友谊出版公司，1991.

者心中确立自己企业或品牌位置的方法。艾·里斯和杰克·特劳特创立了定位理论，之后他们对这一理论进行实践，1981年他们结合自己的实践结果出版了《广告攻心战略——品牌定位》，在书中细化了定位这一概念：定位最基础的理念就是传播，要在合适的时间及环境下才能实现其最大作用。定位采用了逆向思维，摆脱了自身的固化思维，能够站在潜在顾客的立场上进行思考。

知名的广告学者张金海教授概括了艾·里斯和杰克·特劳特给出的定位定义：定位就是将广告视为传播活动，为了提升它的传播效果，在进行市场分析后确立出最适合的传播对象；站在消费者的立场上，分析消费者的信息心理及其对品牌的认知情况，根据消费者的诉求制定策略，在消费者心中占领有利位置，这一有利位置重要的作用就是让消费者在产生需求时优先考虑这一品牌。定位也是一种关系，它将品牌和潜在消费者联系到一起，在两者之间建立起刺激反应关系，正是这一关系使品牌获得了消费者优先选择的权利。① 他认为定位的本质就是有的放矢地差异化传播。

2. 市场营销学的定位理论

"定位"这个理论自20世纪70年代出现，至今五十多年来已成为市场营销领域最具影响力的理念。在这之后，美国极具权威的营销学专家在《营销管理》这本书中提出了著名的市场定位三部曲，也就是STP战略。

STP战略包含市场细分（Segmenting）、选择目标市场（Targeting）和具体定位（Positioning）。市场细分指的是对消费者所需要的产品进行市场分类，根据消费者目标群体分类市场，并通过市场细分，针对不同的消费群提供多样的、有针对性的、具有优势的产品或服务。选择目标市场是指通过市场细分企业会在选择自身独具竞争优势领域的同时选择竞争对手没有满足或资源受限的细分市场。详细地说，定位就是以市场为基础，传播产品的关键特征与利益。

人的需求是多方面多维度的，会随着环境的变换不断变化。现代城市的发展历程告诉我们，城市就像商品，无法在发展之路上满足所有消费者的需求及欲望。建设城市也需要依靠STP战略精准定位品牌形象，找到适合城市发展的市场，深入探寻并强化城市特色，打造城市品牌形象，最终在公众心中树立起有效的识别形象。

---

① 张金海. 二十世纪广告传播研究 [M]. 武汉：武汉大学出版社，2002.

（二）城市品牌形象的定位

1. 城市品牌形象的界定

对城市品牌形象进行定位就是城市在发展过程中选定自己在目标市场中的位置。或者说是一座城市根据目标受众的需求塑造出一个合适的品牌形象，获得广大公众的认可，从而进一步提升城市的品牌效应。也可以说它对一座城市的核心价值进行了高度总结和提炼，定位的实质就是让城市在目标受众心中具有重要、独特的位置，形成城市自身的独特个性。[①]

2. 城市品牌形象定位与企业品牌形象定位

艾·里斯和杰·特劳特的定位理论一经提出，不仅在广告界、营销界被普遍采用，而且迅速波及企业界和城市建设领域。

企业品牌形象定位和城市品牌形象定位本质上就是以自身独具特色的形象与竞争对手之间构成差异。两者对比，主要区别体现在主客体之间的差异上。从定位主体的立场出发：一般而言，企业的品牌形象定位不会太复杂困难，它主要负责单个商品或某种服务，定位过程较为简单、具体，具有很强的针对性。而城市则是由许多因素组成的、比较复杂的、具有空间性和立体感的物体，与企业品牌形象对比，它需要考虑的内容要更多也更复杂，需要花费的时间也更长，所以说它具有整体性、系统性。以定位客体的立场来看：二者的不同主要表现在消费者对品牌定位的认同周期时长方面，城市品牌形象的认同周期较长，企业品牌形象的认同周期相对较短。任何品牌形象的定位最终都是以是否得到定位客体的认同来判断这一品牌价值是不是成功实现。品牌价值的实现会随着企业及城市品牌的复杂程度等因素改变，消费者对其认同的难易程度均有不同。因而，相对于企业品牌形象来说，消费者对城市品牌形象的认同，需要更长的感知时间和认同周期。总的来说，城市品牌形象定位相对于企业品牌定位更为复杂，其中的时间维度因素具有很高的重要性。

3. 城市与城市品牌形象定位

不同的学科领域和不同的研究角度对城市定位有不同理解。中国社会科学院倪鹏飞博士认为："城市定位指城市为了实现最大化收益，根据自身条件、竞争环境、消费需求等及其动态变化，确定自身各方面发展的目标、占据的空间、扮演

[①] 冯占军，张清. 品牌定位：市场营销的战略制高点[J]. 中国商办工业，1999（11）：26-27.

的角色、竞争的位置。"① 王忠文先生认为:"城市定位简言之即确定城市发展方向及经济结构布局、基本建设规划的行为过程,城市定位理论即寻找城市准确定位的战略行为及确定城市定位的理论研究及依据。在计划经济下,城市定位被认为是城市总体规划的头等大事。"② 综上所述,从宏观上把握城市发展定位是城市发展宏观决策的大计。

城市定位与城市品牌形象定位是相互联系、互为补充的,但是二者的侧重点有所不同,城市定位和品牌形象定位之间的相同点是它们都注重提高提升城市的竞争能力,不同之处在于城市定位侧重于城市综合竞争力,如城市的地理自然环境、基础设施建设、文化氛围、管理水平等方面。城市品牌形象则强调城市的核心竞争力,以点带面从识别度层面树立一个具有代表性的品牌形象,并借此彰显出该城市的竞争力。

(三)城市品牌形象定位原则

定位是从宏观的角度上来进行城市品牌形象建设,定位要注重城市独具的特征和风格,要遵从实际,不要过分夸大,以保证品牌传播的真实性和可信度。每个城市的品牌形象定位都应该体现出自身的独特之处,总的来说应该遵从以下五方面的原则:

1. 真实性原则

城市品牌形象定位首先应该遵循的原则就是真实性原则。每个城市在确定自身定位时都要从真实的情况出发,不可盲目从众也不可过分夸张,没有自身实际特色的城市定位很难被公众认可,也很难具有长久的生命力,这种定位反而会给城市带来损失。举例来说,中国的苏州和意大利的威尼斯的定位都是"旅游城市",因为这两个城市都有特色旅游资源以及产业,如果一个不具备旅游资源的城市脱离现实,盲目追求不适合自己的旅游城市定位,只会给城市发展带来阻碍。

2. 认同性原则

打造城市的品牌形象的目的就是要提升城市的竞争力,给居民创造更加适宜的生活工作环境,因此,城市品牌形象定位就一定要获得城市内外群众的认同。这种认同性体现在两个方面,第一个是社会层面,就是一些到城市旅游、投资的

---

① 倪鹏飞.中国城市竞争力报告:卷二[M].北京:社会科学文献出版社,2004.
② 王忠文.现代城市定位理论及其发展[J].环渤海经济瞭望,2003(10):12-14.

人和其他城市居民对这个城市的认同程度；第二个就是自我认同，也就是本城市居民对城市定位的认同程度。只有定位获得广泛认可，城市才能具有长久旺盛的生命力和凝聚力，也更容易吸引和辐射到城市之外的公众。合适的、正确的定位对城市的发展是极为重要的，应该让民众积极参与定位确立过程，在过程中提升民众的认可度。

3. 差异性原则

差异性也就是个性特征，一个城市只有具有个性才有灵魂，它也代表了城市的魅力和核心竞争力。城市品牌形象在具有无法替代的个性后才会有品牌垄断性。再好的城市品牌，太普遍常见也会失去新鲜感和吸引力，进而被公众遗忘。而且，城市的个性是无法抄袭的，把巴黎铁塔和凯旋门复刻到其他城市，也无法成为这座城市的独特品牌符号。确定城市品牌形象的定位要遵守差异性原则，要尽量避免趋同，应凸显个性特色。城市之间差异越多，自身的独特才更加明显，品牌也会更加具有影响力。举例来说，景德镇的形象定位为"瓷都"，这一定位将景德镇自身优势发挥到最大。

4. 导向性原则

导向性原则是指在定位时一定要找准方向。城市品牌形象的定位要能够引导城市的发展方向，还要能够引导大众对城市发展的认识。城市品牌形象是一项长期的城市战略，其导向性体现在城市品牌形象的各个系统之中，既有精神导向，也有行为导向，还有视觉与环境导向以及管理与推广导向。导向性本身具有指导性的含义，对保持城市品牌形象建设健康的发展具有积极引导作用。在快速的城市化进程中，许多城市的基础设施赶不上城市发展的步伐，在发展中会出现许多的问题和矛盾，一旦缺乏积极的引导，这种消极因素往往会形成一种负面的形象，这种负面形象的作用不可低估，可能给城市带来长久的不良影响。

5. 可持续性原则

城市品牌形象建设过程本身就是为实现城市的可持续发展而进行的战略。树立品牌形象不能太过着急，太重视利益，也不能随大流，只跟着当前的热点走，应该做好长期规划，分工明确、细致，做好每个阶段的总结工作，还要有合理的监督政策等。从城市品牌形象定位的可持续性原则出发，城市品牌形象的定位应该关注城市的长远发展，要有一定的前瞻性和稳定性，要能够在未来一个时期内引导城市的发展方向。城市品牌形象的定位确定以后，就应该将整个社会的资源汇总到一起，持续努力，推广城市的核心理念及价值，这样才能逐步建立起良好的城市品牌形象。

（四）城市品牌形象定位策略

著名的美国建筑师伊利尔·沙里宁（Eliel Saarinen）认为："城市的主要目的是给居民提供生活上和工作上的良好设施……我们应当把城市建造成为适宜于生活的地方。"[①]这一理论很好地说明城市发展的最终目的就是更好地满足人们日益增长的生活需求，城市品牌形象定位也是为了实现这个目标而规划的策略，其中的定位策略是基于目标的方案整合。城市品牌形象定位策略包含以下五个方面：

1. 本体定位

本体定位就是以城市本身的性质、规模、发展目标等为依据来定位。其中性质这一依据是指将一座城市的定位放到了何种高度。举例来说，北京、上海定位于现代化国际大都市；广州、武汉定位于现代化中心城市。规模这一依据可以表现出城市的大小，可以分为人口、用地、经济规模等方面。中国的"十五"建设规划将中国城市规模分成了四种类型：大城市、区域性中心城市、中小城市、小城镇，还倡导"有重点地发展小城镇，积极发展中小城市，完善区域性中心城市功能，发挥大城市的辐射带动作用，引导城镇密集区有序发展"的整体战略。城市发展方向的定位指结合城市自身的性质、规模、特色，有目标、有计划地对城市进行整体的分析，确定城市的发展方向、目标和战略等。

2. 功能定位

功能定位的含义是针对各种不同类型的城市在地区或国家间发挥出的政治、经济、文化作用进行定位。大概可以分为以下几种类型：政治型城市、经济型城市、文化型城市、旅游型城市、交通型城市、宗教型城市。一座城市自有其存在的价值及意义，换言之，它们都有独特的功能，如果能从实际情况出发对各个城市的优势功能进行定位，也会有益于城市自身的发展。

3. 产业定位

产业定位的内涵是一座城市将自身的产业优势、特点作为城市定位的依据。

---

① 伊利尔·沙里宁. 城市——它的发展、衰败与未来[M]. 北京：中国建筑工业出版社，1986.

它将城市参与区域经济的产业分工及协作为前提，是一个城市在区域经济中生存和发展的经济基础，是城市发展战略的一个重要维度。在进行产业定位时，要目光长远，对城市未来的发展做整体规划，分别确立好主导产业、支柱产业和基础产业，并且和其他城市互相协调。总之，产业和城市的发展要具有一致性，产业定位要把城市已经具备的资源、区位、产业优势都呈现出来，同时应该顺应国家政策导向。城市产业定位不可以只拘束在传统工业生产领域，因为未来城市进一步发展的重点领域是高新技术、文化、创意产业。

4. 文化定位

城市是人类赖以生存的基本形式，城市的发展史就是人类的文明史，同样也是人类的文化发展史。

文化定位的含义是以城市独特的文化内涵为基础对城市进行定位。它要求准确地找出一座城市不能被替代的文化特质及人文精神，借此形成城市文化方面的差异性和竞争优势。文化包括物质、精神两个方面，它是一座城市发展过程中的积累和沉淀，从多个方面反映出一座城市的社会行为、观念和行为模式等，文化定位的差异也体现出城市之间品味、价值观的差异。例如，美国的夏威夷定位为"度假文化"，北京定位为"皇城文化"，西安定位为"古都文化"，成都定位为"休闲文化"，这些定位都是从文化角度出发的。

5. 特色定位

城市定位需要依靠一些个性化特征，这些个性化特征能够从整体上反映出城市的政治、经济、文化、历史等内容，明确每个城市独特的个性特征就是特色定位。城市品牌形象定位实质上就是找准差异化及特色定位，特色定位这一概念又包含了本体定位、功能定位、产业定位与文化定位这几项。

每个国家和城市都有独属于自己的历史文化、民俗风情、自然环境、特色产业等优势，想要建立起城市品牌形象最重要的就是重视城市的特色。就算只是短暂在北京、上海停留过的人，也会感受到这两座城市都有无法被代替的独特之处，一个城市最突出的特色不仅仅是有别于其他城市的个性，还是这个城市的灵魂。如今，公众已经广泛认可了城市特色定位这一理论，即便如此，我们也应该明确一点，所谓的特色定位离不开城市本身的资源优势，如果脱离了这种优势而盲目模仿其他城市的定位甚至胡乱编造一种特色，反而会破坏城市的资源。

总体来说，城市品牌形象定位要在选定并突出一种特色或功能的同时兼顾其他的特色和功能。不过有一些城市也呈现出复合型的多功能特征，如美国的纽约既是金融中心又是国际化的大都市，其定位也必然是多方位的。无论何种定位原则和策略，都是通过将城市放在目标受众心中，给它一个独一无二的位置，由此形成城市鲜明的品牌个性和识别效应，其本质就是凸显出城市的特色和个性差异来提升它的竞争力。在进行城市品牌定位时要关注以下问题：第一，从实际出发，充分利用自己的资源优势；第二，不要忽视社会对城市品牌形象定位的认同感。

第三节 中国城市品牌形象建设发展现状

一、城市形象建设的意义

城市在现代社会中处于中心地位，它的形象就是人们对它的整体印象和感觉，能够体现出这座城市的性质和功能，城市的综合形象包括以下几方面：

一是城市实力。城市实力指城市整体的经济能力、居民生活的情况及氛围、产业分布结构和生产力分配等要素；城市在国民经济中发挥的职能和作用，或者是它为国防、交通作出的贡献等。

二是城市能力。城市能力指的是一座城市对外部是否有吸引力，具备何种程度的扩张能力和反辐射能力；城市内部及与其他城市的流通能力和经济增长前景。

三是城市活力。城市活力指的是一个城市内部企业、资本、文科教的活跃程度；城市和世界的沟通、联系是否紧密；城市的创新创造能力等。

四是城市潜力。城市潜力首先指自然资源的潜在实力，其中也包含现有的自然资源及其使用程度；其次是人文资源，它决定这座城市的市场是否具有前景，投资能否获利；城市吸引投资的原因是地理位置、服务水准、优惠政策还有安全的社会环境；再次指整个社会潜存的风险以及机会的多少；最后指城市的人力资源需要花费的成本。

五是城市魅力。城市魅力指的是一座城市的文化气质散发出来的吸引力，包含城市的知名度和文化凝聚力等。

综上所述，城市形象能够反映出一座城市内在的文化素养、发展水准和文明化程度，公众经由形象产生对城市综合的物质及文化印象，是一座城市与其他城市竞争的重要力量。

（一）城市形象的发展

城市形象这一概念在中国的发展经历了以下四个阶段：

第一阶段，萌芽阶段。中国在上古时期就已经有了城市形象相关理论，那时它归属于美学范畴。《周礼·考工记》中"前朝后室，左祖右社"就描述了城市的结构。到了20世纪20年代末期，陈植在《东方杂志》上发表的文章中专门提出："美为都市之生命，其为首都者，尤须努力改进，以便追踪世界各国名城，若巴黎、伦敦、华盛顿者，幸勿故步自封，以示弱于人也。"[①] 这些事例都向我们证明，中国的城市形象设计理论和实践早在20世纪初期就出现了。

第二阶段，探索阶段。在20世纪70年代中期，有很多国外的学者提出了"城市形象建设"概念，他们针对这一理论展开深入探讨和研究，逐渐意识到城市形象对一座城市的多方面整体协调发展具有重要作用，进而提出规划城市发展时要重视城市独特形象的树立。20世纪80年代以前，中国实行计划经济，在此政策下，中国城市的产业占据了重要核心位置，城市形象自发形成。

第三阶段，发展阶段。在20世纪80年代到90年代初，中国的改革开放政策实施稳步推进，城市化速度加快，在这一阶段，城市美学、城市景观建筑的相关理论兴盛起来，借由理论的推动，中国在20世纪90年代明确提出了城市形象建设这一概念，并且制定了一系列的形象建设策略。其中，广东花都区于1992年首先展开了形象设计工作。

第四阶段，竞争阶段。20世纪90年代之后，城市之间的竞争日益激烈，有一些城市开始借营销理念规划城市的发展。1994年，广州地理研究所的陈俊鸿以花都的城市形象设计为依据提出，中国在进行城市形象设计时要遵循"四大原则"，它们分别为整体性、个性化、多样性和同一性。陈俊鸿认为，城市形象可以分为总体、景观、标志三方面内容。也是在这个时期，城市形象设计理念的重心从重视城市转变为重视城市消费者，城市间的形象差异逐渐开始产生。

（二）塑造城市形象的意义

城市打造形象可以在改变自身的同时让周围的世界也对城市品质有所改观，进而提升这座城市的社会影响力以及经济价值。公众对城市的认可度和评价会受到城市形象的影响，它关乎整个城市的发展。物品的价值可以衡量，名誉的价值

---

① 叶南客，李芸.战略与目标——城市管理系统与操作新论[M].南京：东南大学出版社，2000.

却无法衡量，城市只要具备良好的形象，扩大认可度，随着时间的推移，其价值自然会上升。正因如此，世界上很多的著名城市都非常重视自己的城市形象。随着中国城市化进程的加快，大家也意识到城市形象的重要意义。

1. 形成凝聚力

好的形象是一座城市无形的资产，它凝结起了整个城市的精神及能量，可以极大增强居民的自豪感以及认同感，提升居民的精神文化水准以及主人翁意识，为城市的进步发展贡献自己的力量；它可以提升城市对外的竞争力，加强城市的外交能力和发言权，实现城市的目标和利益。另外，如果一个城市具有国际品牌形象，就能够在世界舞台上也具备影响力和吸引力。

2. 整合资源

好的城市形象能够影响到经济、社会、文化等多个领域及发展方向，在此基础上可以进一步提升城市的包容力和竞争力。城市周边的地区甚至国外一些城市会根据一座城市的形象判断其拥有的产业结构、经济类型、市场规模、资源优势等要素，然后对这些要素进行挑选并确定怎样和这座城市展开合作、交流，进一步推动城市经济的发展。打造城市形象时，若能找准定位以及形象特点，就能够整合、提升城市的综合实力，给经济文化的发展提供更宽广的空间。

3. 吸引、人才、资金和技术

合适的城市形象可以很好地体现出城市的独特魅力，也可以提升城市的名气，引起社会各界的广泛关注。好的城市形象就像磁场，能吸引多方生产要素的进入，将无法触及的精神财富转化为实际的物质财富。

4. 增强本市产品的知名度

人才、资源等进驻城市的意愿以及城市自身产品的对外输出都会受到城市形象的影响。举例来说，上海是我们国家最大的工业城市，一直以来，国际化都市的形象给上海的产品销售带来很多益处，国内有"买货就买上海货"的说法。

5. 对外交流和国际化

世界各地的公民通过城市了解中国，通过感受在中国城市里的生活点滴了解中国百姓的生活环境和状态以及经济发展情况等，因此好的城市形象对国家"软实力"的传播、影响也有很重要的意义，它可以帮助我们树立起正面积极的国际舆论环境，搭建起中国与世界各国交流合作的桥梁。

二、中国城市整体品牌形象现状

从 20 世纪 90 年代开始到 20 世纪结束，国内很多城市都在民众心中留下了深刻的印象，如大家普遍感觉北京大气雄伟、上海时尚奢华、苏州细腻精致、西安沉稳古朴等。从城市形象方面我们能够感受到城市在民众心里留下的综合形象是怎样的。群众通过旅游、出差等方式到其他城市去，感受其他城市的独特氛围，或者可以在网络媒体、书籍中了解到城市文化、政治、经济等方面的内容。展开来说，一座城市的形象具备三个层次，分别为物质、管理和思想。物质层面就是城市的经济情况以及整体观感，管理层面主要指政府的形象，思想层面便是城市的人文氛围。

（一）中国城市的视觉形象

视觉形象属于城市形象中的物质层面。它主要指人们在到达一座城市后第一时间的感受和产生的印象。例如，一座城市的森林景观非常好，翠峰山峦环绕；水资源丰富，河流遍布；又或者城市化程度高，高楼大厦林立，霓虹灯闪烁等。这些都可以直观地给群众带来视觉冲击，留下深刻印象，只是这种印象多带有先入为主的特点，它会潜存在来访者心中，影响他们之后对城市形象的判断及评价。如果城市的自然风景优美，植被覆盖率高，花草茂盛，到访者便会从内心深处喜欢这座城市，也会愿意留下来长久居住。但如果它环境破败，风沙漫天，到访者便不愿多待，甚至不愿意再来。

中国视觉形象总的来看有以下两个特点：

1. 城市建筑发展迅速，现代化气息日益浓厚

这一特点从一些统计数据中可以看出：中国在 2006 年的时候完成了对城市市政公用设施固定财产的投资，合计 5765 亿元，这个金额占同一时期全社会固定资产投资总额的 5.25%，占同一时期城镇固定资产投资总额的 6.17%。其中道路桥梁占比 52.1%；公共交通占比 10.5%；园林绿化占比 7.4%。中国在 2007 年的时候再次完成了对城市市政公用设施固定财产的投资，合计 6422 亿元，较上年增长了 11.4%。占同一时期全社会固定资产投资总额的 4.68%，占同一时期城镇固定资产投资总额的 5.47%。道路桥梁、公共交通、园林绿化分别占城市市政公用设施总投资的 46.5%、13.3% 和 8.2%。

2006年全年城市市政公用设施新增固定资产2954亿元，固定资产投资交付使用率51.25%。2007年全年城市市政公用设施新增固定资产3348亿元（较上年增长13.3%），固定资产投资交付使用率52.1%。2006年末，城市建成区绿化覆盖面积118.1万公顷，建成区绿化覆盖率34.38%，建成区绿化面积103.9万公顷，建成区绿地率30.27%。全国拥有城市公园绿地面积30.7公顷，人均公园绿地7.94平方米。2007年末，城市建成区绿化覆盖面积125公顷较上年增长了21.4%，建成区绿地率31.3%。城市拥有公园绿地面积33.3万公顷，人均公园绿地8.98平方米，已达到中国规定人均绿地面积7~11平方米的标准。[①]

2. 城市建设风格趋同现象日益严重

在对城市形象进行识别时，民众不会对常见的大众化建筑留下深刻印象，只有那些具有显著特点或视觉冲击的建筑才能让人记住，这些建筑或视觉形象便成为城市的名片。举例来说，苏州代表性建筑园林、小桥流水；青岛代表性建筑大海、栈桥；上海的东方明珠以及北京的故宫、长城等。这些视觉景观都是城市明显的识别标志。

城市的视觉形象会给你留下深刻的直观印象及感受，也会传递出一部分城市深层的文化信息。举例来说，过去的北京整体基调较暗，一方面是因为四合院这种传统建筑自身色调比较暗沉，另一方面受北京首都身份影响，作为政治中心需要呈现出稳重、庄严的气势。但申奥成功后的北京形象发生了巨大变化，旧式的胡同、四合院等传统建筑被拆掉，各式各样的现代建筑逐渐增多；过去的自行车大军也被拥堵的车流代替，国际化氛围越来越浓厚，几乎掩盖过北京原有的历史文化底蕴。这种变化不仅仅出现在北京，中国有越来越多的城市把打造国际大都市作为目标以及口号。

中国城市趋渐现代化，很多国外的游客认为这种现代化只是对西方城市的模仿，没有自身的特点，缺少吸引力。

大山先生是加拿大人，他已经在中国生活了20多年，在面对西方媒体的时候他经常说，中国是有五千多年历史的世界文明古国，中国有独属于自己的文化、语言、民族，并且有很强的自我认同意识。随着改革开放政策的实施，中国逐渐

---

① 建筑网.2006年城市、县城和村镇建设统计公报[EB/OL].（2008-09-26）[2023-02-17]. https://www.cbi360.net/gov/a133435.html.

和国际接轨，紧跟时代发展，对此很多人担心中国会丢掉自己的特色。不过这种担忧并不只局限于中国，很多文明古国都有这种担忧。但中国在日益国家化的同时也在向国外输出自己的文化，世界也在逐渐向中国靠近。在中国和世界之间寻找最适合的结合点是最佳选择。

大山作为一个了解中国的外国人，给出了很客观理性的回答。总之，中国的城市形象特征日益明显。但潜藏在其中的问题是，中国各个城市同质化现象严重，缺乏独属于自己的个性以及特色，相似的景观、建筑风格，相似的施工方法和建筑材料正在逐渐吞噬城市的特点及个性。

（二）中国城市的经济形象

现代城市的经济功能是其最重要的功能之一。经济形象可以深层表现出城市的物质形象，象征着城市的发展潜力和势头。评价城市的重要指标就是经济发展情况，这是城市深层内涵的基础。

经济形象构成很复杂，包括产业、行业、市场运营环境等方面，也包括企业以及品牌形象。例如，我们将一个城市定位为重工业城市，将另一个城市定位为金融核心，就是对城市经济形象的抽象概括。大体来看，中国城市经济形象大概有以下这些特点：

1. 中国城市总体经济实力逐步增强

1990年中国GDP超过200亿元的城市有北京、天津、上海和广州四个城市，2001年已达到45个，其中9个城市超过1000亿元，分别为上海、北京、广州、深圳、天津、武汉、杭州、沈阳、大庆。到2006年，GDP越过1000亿元的城市已达30个。①

2. 名牌企业和名牌产品成为城市经济形象的主要表现形式

这一特点指的是借助一个产业打造城市的经济形象。例如，我们对各个城市的叫法及定位不同，有的是汽车城市，有的是电子城市或者服装城市。武汉孕育了中国的光通讯，华中科技大学、武汉大学等高校就是武汉光电子信息产业发展的坚实依靠。湖北在2000年5月提出"举全省之力建设'武汉·中国光谷'"。这个口号发出后，武汉就和光谷有了密不可分的关系。还可以借助知名企业的名

---

① 江平.城市品牌形象研究[M].长春：吉林美术出版社，2018.

号进一步提升城市形象。知名企业对城市形象以及名气的影响非常重要，举例来说，青岛依靠"五朵金花"——海尔、青啤、海信、双星、澳柯玛的品牌名气打造出良好的城市形象。

（三）中国城市的人文形象

在城市形象的思想层中，城市人文形象是人在和城市以及城市相关的各种人深度接触以后在心中留下的深刻印象。如果人们感受到城市深厚浓郁的文化内涵、热情热心的市民、和谐大气的人际关系、积极乐观的社会风气，那么这种思想层次的美好体验就会一直留在人们心中，温暖人心，难以忘怀。相反，如果思想层次的印象太过糟糕，那么即便前两个层次很好也难以挽救城市在人们心中不好的形象。

将城市的物质形象比作人的相貌，其中的思想层次就是人的修养、气质，气质比相貌更加有魅力和吸引力。城市文化是灵魂，一座城市的文化资源、气氛、生活水准对城市的魅力及吸引力有很大的影响。城市的人文形象包含历史文化和人文景致两方面的内容。

建设好的城市文化要先发掘这座城市的历史文化。中国具有深厚久远的历史，很多城市的建筑历史都超过了 2000 年，积累沉淀了深厚的文化。改革开放政策实施之后，中国开始与世界接触、交流，交流越来越多，宣传覆盖面也逐渐扩大，中国经济实力稳步提升，世界也更加关注和重视中国，这就拉动了中国旅游业的兴盛发展。人民的生活水准也在逐渐提升，旅游也成为中国百姓在休闲时间的选择。

人们可以通过中国城市的文化形象来区别于其他城市，这里的文化形象也是中国的城市立足世界的重要根基，更是吸引广大外来游客的独特优势。城市里的古迹文物、百姓的生活形式、世代流传的独具地方特点的风俗等，一直保留延续到现在，融入城市化进程中，一起构筑了中国城市的历史文化形象并声名远扬。举例来说，苏杭因其优美的自然风光及富庶的物产闻名；山东潍坊是"世界风筝之都"；景德镇因为瓷器而声名远扬至世界。山西有平遥古城，陕西有秦始皇兵马俑，南京有秦淮花灯扎制，天津有杨柳青年画创作，四川有川剧的变脸等。改革开放以来，中国一共分三批公布了 101 个历史文化名城，这些名城拥有各自的历史、文化特质，这些历史文化特质也成为各个城市独特的形象。

2. 市民文化开展形式多样，但文化硬件设施总体相对落后

社会发展及现代化的主体是人。人自身发展会受到社会制约，但也会反过来推进社会的进步。城市居民的素质可以体现出这个城市的物质、政治、精神文明状况。具体来说，包括城市的居民意识是否开放，活动时是否遵守社会规定，是否具有较高的道德素养，是否愿意为社会做贡献，是否具备接受新事物的能力等。这些因素综合起来构成了居民象征的城市形象。外来投资、经营人士初到地方创业，在内心和现实工作中都需要和谐美好的外部环境。

城市单纯发展商业或工业，会使城市失去生气和地位。缺乏高等院校和优秀高等人才的城市就会缺乏文化气质；缺少图书馆、艺术馆、博物馆等面向广大市民的文化场所的城市就很难具备和谐平稳的人文气氛，很难给人带来好印象。

建设城市文化形象既要注重城市的文化底蕴，也要具备兼备实用和观赏功效的文化设备，营造积极温暖的文化氛围是顺从民心的自然而然的行为。

中国的城市以及居民都潜藏着丰富的文化底蕴，具备建设城市文化形象的优良基础。所以我们只要积极重视，好好发掘，利用好已经具备的文化资源就容易收获很好的效果。面对实际事件时要具体问题具体分析，依据城市特点决定，有一些城市会将重点落在投资文化设备上，举例来说，上海市在文化设施建设上的年投资从"六五"期间的1亿元上升到"九五"期间的85亿元，这些资金造就了东方明珠广播电视塔、上海博物馆、上海图书馆新馆、上海大剧院等文化设施，取得了举世瞩目的成就，很好地继承发扬了"海派文化"。[①] 青岛市则通过电视现场直播进行"告别陋习，走向文明，树立青岛人良好形象"的宣传。这种潜移默化的教育方式，使青岛市市民素质不断提高，涌现出14个全国文明示范点、24个省级文明示范点，使青岛市实现了从"卫生城市"到"文明城市"的质的飞跃，城市人文形象得到了极大的提升。

综上可知，中国政府越来越看重人文形象，每个城市也都在努力，各自都有进步，构成了自身独一无二的传统现代综合文化。政府也大力投资文化设备，在硬件方面持续出力。只是现在政府的投资重点还存在不平衡的情况，因而政府需

---

① 李怀亮，任锦鸾，刘志强. 城市传媒形象与营销策略[M]. 北京：中国传媒大学出版社，2009.

要大力增加图书馆、文化馆、博物馆等公共娱乐设施,以满足广大居民和外来人员的需求。

三、中国城市品牌形象建设策略

应从目标、方法和效果上全面入手,制定城市形象建设的具体策略。

(一)建立有效推进机制

城市形象的建设必须有与之相适应的体制和机制予以保障,这样才能保证城市形象目标的实现。

1. 受众导向的政府管理机制

城市是人们生活和交流的环境和空间,归根结底是为人服务的。因此,城市建设和发展的观念应该将重点服务于经济建设的取向转变为"以人为本"的价值取向。受众导向的政府管理所关注的焦点是顾客的需要,政府职能、行为、改革等都应紧紧围绕受众展开,一切以受众为导向、为中心,并把受众的满意度作为政府运行的使命。

2. 城市形象建设指导协调机制

城市形象建设在实践中涉及政府、规划、城建、市容、环保、绿化、司法、交通、工业、商业、科技、教育、新闻、文化、卫生、体育、外事、旅游等城市生活的各层次、各环节,是一个复杂的系统工程。要使这一工作健康有序地进行,必须建立系统的观念,要有强有力的领导和组织协调工作。例如,在进行城市形象建设时可成立形象建设推进委员会,为了保证推委会决策意见的贯彻实施,推委会应下设办事机构,主要指导城市形象建设规划设计的编制、制度性文件的拟定、有关部门工作的协调、重大形象工程项目的谋划协调和督查、形象建设宣传的组织指导等重要工作。

3. 城市形象建设推进的保障制度

城市形象建设作为一项相对独立的运作系统,要建立起一整套相应的制度安排,以保障系统有效运转。这些制度主要有:"三同步"制度,即所有决定和影响城市形象的重大新建、改建、扩建项目,其形象系统必须与主体工程同步设计、同步施工,同步完成;形象建设目标责任制,即规定政府的主要官员应对辖域的形象品质负责，部门和企业领导应对本部门和本企业的形象效果负责，并列为政绩和业绩进行考核；形象建设的调控制度，包括重大建设项目和形象工程项目设计方案的评审、目标定位的控制与验收等；形象受损的限期改善制度；形象设计与建设的评价考核制度等。

（二）塑造城市自我形象

1. 城市的自然环境特色

自然景观是城市形象的一个重要要素，譬如说杭州的西湖、桂林的山水等本身就是与其城市形象联系在一起的。有的城市建在滨海低地上，也有的城市坐落在雪域高原，这些各不相同、多种多样的自然环境决定了城市景观的环境特色。只不过有些城市格外受大自然的青睐，拥有非常独特的自然资源，人们也就很容易给这样的城市冠以贴切的"昵称"。例如，水城威尼斯，水、船、桥、建筑和游人构成了威尼斯的特色景观美，也使"水城"成为它的代名词。在中国，拥有独特景观的城市也很多，如山城重庆、江城武汉、冰城哈尔滨等，这些昵称均依据城市独特的自然环境独到地点出了城市的个性。

2. 城市的规划建设特色

城市的生成是跨越时空的，城市形象的形成具有历史、现实、未来的时空迁移特征。作为独特性城市形象元素的建筑形态在城市脉络中独具一格，它是一定时期文化的特征，代表一定地域、一定时期的民风、民俗特色和审美特性。而由建筑形成的城市布局往往就是城市规划思想和城市形成的见证。世界上城市布局较有特色的城市大都是在城市建设之初就有严密的设计规划，这类城市常常能表现出当时的传统文化和政治意识。例如，首都北京就是这类城市的典型范例。北京城市建筑有四个显著特点：辩正方位、注重风水、讲求对称、突出中心。"辩正方位"指的是北京城市建筑在对应东、西、南、北、中五个方位时非常明确，可以说世界上没有哪一座城市的建筑像北京这样讲究方位。

每个城市都有自己的发展历史和未来的发展规划。如果在现行的和未来的城市发展规划中能够注意寻找适合自己的建设特色，同样可以形成独特的城市形象。例如，中国的上海市，传统布局虽然比不上北京，但后来的城市规划使上海形成了古代、近代、现代并存的布局，"反差"反而成为城市布局的特色。

3. 城市的文化历史特色

所有城市，不管是历史悠久还是形成时间较短，都会在它的发展过程中留下片片记忆。如果有一天这些记忆由于自然或人为的原因消失了，那么城市也就失去了存在的依据。北京如果没有紫禁城、颐和园、长城、胡同和四合院，就不再是北京。从这一角度看，城市是一幅巨大的三维史书，它真实记录了人类文化历史演变的轨迹。世界上不同地区、不同民族在不同的历史阶段、不同的生活环境中形成各具特色的存在方式，各具特色的文化类型，均可以在城市的历史文化景观中找到答案。正因为如此，世界上许多有影响的著名城市都在为保护和展示自己的历史文化特色而努力。

4. 城市标志性建筑和景观

标志性建筑是指具有某种象征意义，在公众心目中能代表城市形象的建筑物。标志性景观是指除建筑之外的大型雕塑和其他人工构筑物。城市标志的确立常常与旅游观光业的发展相关联，对于游客来说，一座城市形神兼备的特色标志物是他们旅游经历的高度浓缩和定格。当人们回想起旅游经历时，最先出现在脑海的常常是那些著名的标志性建筑。提到北京首先想到的是故宫、天安门或者长城；提起西安会想到大雁塔或钟楼；提到武汉会想到长江大桥和黄鹤楼；提到上海会想到外滩万国建筑群和南京路的繁华。国外也一样，提到巴黎，人们会从埃菲尔铁塔和凯旋门说起；提到伦敦，人们必谈大本钟和白金汉宫；提到莫斯科，就会想到红场和克里姆林宫。这说明在多数人的脑海里，一座城市的整体形象常常被浓缩为一处著名的标志性建筑或景观。这些建筑的意义已超出了其物质实体，成为展现城市历史、城市风采的最好形象。

（三）制定有效传播策略

1. 适当的传播策略

城市形象传播做得好是锦上添花，做得不好则适得其反，会使形象一落千丈。这里有一个形象传播"度"的把握和传播方法得当的问题。对于以往在大众心目中已经留有不良印象的城市，还可以通过传播解决形象的问题。虽然要真正改变以往的不良印象需靠城市脚踏实地作出努力，真正改变城市的形象，但是，如果传播功能发挥得好，把城市的优势突出出来，那么久而久之就能淡化人们的不良印象。因此，城市形象传播对于城市来说，既要积极做，也要善于做，要把媒介传播和人际传播有机结合起来，扩大传播效应。

2. 进行大众传媒的有效组合

要创造有国际影响力的城市形象，必须借助于如电视、报纸、网络媒体等有一定覆盖面的和一定影响力的新闻媒介进行广泛的宣传。经常性地举办一些高层次的政治、经济、文化交流和学术研讨活动。通过有影响力的媒介加以宣传，就能让更多的人了解一个城市。例如，在上海举行的世界财富经济论坛等高层次的国际文化交流就使得上海国际大都市的形象传播到了全世界。通常的大众传媒主要有报刊、电台和电视台。互联网也成为新的大众传媒，而且凸显出很多传统媒介没有的优势。这些大众传媒在传播时，各有所长也各有所短。所强调的有效组合，就是根据传播目标进行分析，合理组合、扬长避短以达到最佳效果。随着市场化的推进，大众传媒市场运作也不断加强。城市形象传播利用大众传媒就不会只局限新闻的角度，广告宣传也会越来越多。

3. 做好传播策划

（1）公共关系策划

"公共关系"是一种现代经营管理职能，是社会组织用传播的手段在自己与公众之间形成双向的交流，从而达到相互了解和相互适应的管理活动。公共关系策划就是运用公共关系策略，协调组织与公众的关系，使组织达到所希望的状态和标准。随着经济的不断发展，公共关系策划已经成为城市形象的一项最基本的高层面的智力活动。对于一个城市来说，出色的公共关系策划能产生良好的社会效应和经济效应。为了谋求发展，提高竞争力，城市应做好对自身发展方向、策略、途径、步骤、活动的预先安排和决策活动。

（2）传播路径策划

传媒作为信息社会的枢纽，在优化城市空间方面的作用不可替代。因此，在城市形象的相关传播活动中应该选取不同的路径，采取多种方式对城市发展进行动态的、开放的和全面的报道。传播路径可以分为纵向传播、横向传播和立体传播。

第一，纵向传播指对城市精神内涵的传播。城市的精神内涵不仅反映了城市的昨天和今天，而且还预示着城市的明天。所以，城市形象传播应当以动态的眼光综合体现城市形象的演变。

第二，横向传播指一个城市对内与对外的信息活动。实际上就是塑造和传播自我形象的过程。能否利用传媒提供的信息平台放眼世界，及时发布世界各地特色城市的信息，为城市的决策者提供依据，启迪市民思想，学习吸收对自己形象提升有益的方法；同时，将自己的形象在世界范围内传播，成为一个城市能否获得良好发展和显著地位的重要条件。

第三，立体传播指城市形象传播要完整、系统。在进行传播设计时必须充分考虑城市的视觉形象、人文形象、政府形象、经济形象的关联性，以及信源、信息、信道和受众在传播过程中的关联性，在此基础上强化系统特征的设计，进行全方位的形象传播。

第二章　城市品牌形象的构成要素

本章为城市品牌形象的构成要素，主要从三个方面进行论述，分别是城市品牌形象的视觉识别系统、城市品牌形象的精神识别系统、城市品牌形象的行为识别系统。

第一节　城市品牌形象的视觉识别系统

信息时代，存在着一场无形的文化冲突，被形象地描述为一场以图像为基础的战争。在这场战争中，图像作为一种重要的传播媒介和表现手段越来越受到社会各方面的关注。随着图像的复制技术由机械转化为商业，再由商业转化为自由复制，我们进入了读图时代。图像作为一种重要的社会资源和传播手段正在迅速改变着人类的生活方式和思维模式。在城市建设领域，城市信息的可视化和图像化已经成为一种无法逆转的趋势，这种趋势已经深入人心。从某种意义上说，城市信息的传播与表达也就是一种视觉表现过程。城市的视觉形态是由城市信息的可视化构成的，这种视觉形式能够让人们感知城市的形象。因此，城市信息的传播离不开视觉传达设计，而视觉传达设计则需要借助于一定的符号和媒介来实现其功能。城市的视觉呈现基于视觉传达原理，通过符号化的图形、色彩等视觉元素，将城市信息转化为视觉形式，从而使人们能够轻松快捷地获取城市信息。

一、视觉化的城市

从视觉传达的角度来讲，城市视觉识别系统的建立就是希望将城市的品牌形象信息进行视觉化的呈现，从而易于人们解读、认知、识别一座城市。

（一）城市的可视性

1. 城市精神可视性

将城市的理念、特色等元素以标语、口号、图形、色彩等多种形式呈现，从而使人们对城市产生深刻的印象，这就是城市精神可视化。城市精神具有鲜明的时代特征与地域特征，是一个国家或地区文化软实力的重要标志之一。城市视觉识别系统作为城市精神的外显，是城市品牌形象最直接、最具体的映射，展现了城市的形态、容貌和气质。城市精神与城市形象之间具有天然联系。例如，青岛的城市精神是"诚信、博大、和谐、卓越"，重庆的城市精神是"登高涉远，负重自强"等。

通过将抽象的城市精神理念转化为可识别的图形符号,城市视觉系统有计划、有组织地运用静态、简约的视觉传播系统,以精准、高效的方式向公众传递信息。它可以在一个或多个层面上对城市形象起到提升和强化的作用。系统通过视觉手段将城市的精神元素外显,并广泛运用于城市活动中,以达到统一传播的目的,从而使公众能够轻松、直观地获取城市向外界传递的信息,并形成认同感,进而打造城市品牌。

2. 城市行为可视性

城市行为文化的视觉元素,如图标、符号、色彩等,如果能够运用于规范公民的行为,就能够提升城市行为的可视性。城市行为可视性分析包括人在城市中进行活动时对各种环境刺激所产生的反应及由此而形成的相应心理感受,以及这些感觉与行动之间相互作用的关系。城市行为的视觉呈现不仅是一种视觉感知方式和直观的信息传递方式,也是一种简化事物认知的手段。我们可以说,城市行为可视性对社会有着积极影响。任何行为都是信息的一种表现形式,人类在接受的外界信息中近90%属于视觉类信息,为了能增强信息接收者的记忆与认知速度,就要把城市想要传递的信息变成视觉符号,让人通过视觉感知将其变成视觉语言来引导人的行为并逐渐规范化城市行为可视性。从这个意义上讲,城市行为可视性就是以视觉符号为载体来传递一定社会文化理念与价值取向的现象。比如说在医院、在公共场所都有禁止烟火、禁止拍照等规范大众行为的视觉化符号,这些视觉符号传达的信息比文字语言更加直观有效。

3. 城市信息可视性

城市信息可视性包含了物质与非物质元素的信息,还涵盖了城市精神文化和行为规范的视觉信息,而在微观层面上,信息可视化则以城市物质形态和空间环境信息为主体。从心理学角度来说,人们接受信息最重要的途径就是视觉看到的。在城市建设中,信息的表达要比文字更直观,更能被大众接受,这是因为视觉符号能使人类获得对客观事物更加深刻的理解。随着科技的不断进步,抽象的数据得以以视觉化的方式呈现,而科学研究也能够以视觉化的方式呈现,因此城市信息同样能够以视觉化的方式呈现。城市信息视觉化使人类能够更好地感受到自己所处的位置、理解所要完成的任务以及所需达到的目标等一系列问题,从而实现对这些问题的控制。城市的秩序和管理离不开我们所依赖的视觉信息,随着城市生活节奏的不断加快，人们对视觉信息的依赖程度日益加深，因此信息的视觉化成为最为有效的信息传播方式。

城市信息的视觉呈现基于视觉传达，通过图形、文字和标志性符号等具有信息传播功能的元素，对人类的生理视觉器官产生影响，并通过视觉反应引发联想。城市中各种建筑形态和设施所构成的空间环境都能成为城市信息传递的重要媒介。城市信息经过符号化的抽象和简约处理，随后通过符号的集合和排列，对复杂的城市信息进行了层次化、条理化的视觉处理，从而达到了直观、清晰的识别效果。因此，在现代社会中，对城市信息传播的研究显得尤为重要和迫切。城市的视觉信息传递主要依赖于符号、导向和标识等复杂的系统，这些系统能够实现信息的传递。

（二）城市的可读性

正如文学作品的可读性是由作品的内容与语言的可读性所决定的一样，城市的可读性取决于城市的文化和品质，是通过城市的视觉符号认知与解读实现的。视觉化城市是手段，而可读性是城市视觉化的目的。

1. 城市文化可读性

城市文化可读性指的是通过视觉符号所传达的信息，人们可以通过一系列连续的心理活动，如符号解读、定义观察、演绎推理等，来认知城市的文化内涵。从这个意义上来说，城市文化可读性就是一种以视觉形式表达城市精神内涵的能力或者说是对城市文化进行解码、阐释与创造的能力。城市文化可读性在一定程度上决定了城市文化的生命力。在城市文化的生产、传播和接受活动中，可读性和视觉理解及其解释已经成为一个至关重要的方面。

一座城市如果单纯地模仿其他城市就削弱了自己的凝聚力，所以了解一座城市应当从城市的本体去识别其文化性格。每一座城市在实施城市品牌形象战略时，都要深入地研究城市本体的文化个性和特色，从而确立城市的发展定位方向。在城市品牌形象建设的成功实践案例中，很多城市都是把其独特的城市文化作为塑造城市品牌形象建设的重要依据，如古都西安、孔孟之乡曲阜、雪域山城拉萨、四季如春的昆明、"二十四桥明月夜，玉人何处教吹箫"的扬州等。

城市品牌视觉形象的塑造和城市视觉识别系统的设计取决于城市所蕴含的文化特质和底蕴，无论是源远流长的历史和传统文化，还是富有创新性的现代文化。

一个城市想要有自己独特的精神气质，必须拥有属于该地区特色鲜明的文化符号，而这一点恰恰是城市品牌视觉形象设计需要着重考虑的问题。城市的"立城之本"在于其所蕴含的文化底蕴，而城市的"名片"则在于其所呈现的文化内涵。文化的传播离不开城市本身特有的地域特征。城市文化的多样性、独特性和包容性，是推动城市可持续发展的原动力，也是城市可读性内涵的核心所在。

2. 城市品质可读性

城市品质是指城市在人们心中的品格与气质。城市品质可读性就是通过视觉化的方式传达城市品格与气质，使其可以被人们更为深刻地理解与解读。城市的发展史就像一本人类文明的画册，不同的城市有其不同的品格和气质。每个城市因其发育的土壤和成长的母体不同，形成了迥异不同的性格魅力。《新周刊》曾对国内17座城市的城市性格做了诠释，如北京大气，上海奢华等。由此可见，城市的品质和气质可以通过视觉化来传达与解读。

以城市的历史文化为背景，以城市的精神识别为基础，以视觉符号为媒介，通过最直观的视觉形象，向公众直接、迅速地传递城市信息，这就是城市视觉识别的本质。在信息时代，城市品牌的塑造与传播离不开现代视觉识别设计。通过构建城市视觉识别系统，可以实现城市的视觉化和可阅读化，从而方便人们对城市进行识别、认知和解读。城市作为一个整体，其核心竞争力在于城市形象的塑造和传播，而城市形象又取决于视觉元素的选择与应用。因为城市品牌形象的塑造离不开视觉识别系统这一重要媒介，所以它在城市品牌形象建设中扮演着至关重要的角色。

二、城市视觉符号系统

作为城市视觉识别系统的核心组成部分，城市视觉符号不仅是城市内的主要视觉载体，更是城市视觉形象的核心驱动力。城市视觉符号具有鲜明的地域性特征，体现着特定时代的历史积淀和民族传统，同时又反映出一个地区特有的地域特色、风土人情以及社会发展状况等方面。城市视觉符号能够直观反映出城市的视觉识别特性，可以将抽象的城市精神与城市内涵以视觉的方式呈现出来，浓缩成为城市标志或城市象征物被公众识别与认知。因此，优秀的城市视觉符号往往能够直观准确地传达出城市的品牌形象。

（一）城市标志

城市的视觉符号是由城市内涵要素的集合提炼所形成的，是具有典型象征意义的标志。它反映了城市所特有的地域特色和民族特征。作为城市精神文化的主要物质载体，城市标志以象征性的语言和特定的视觉形式呈现出城市的历史演进、时代变迁和未来发展的脉络。城市标志与城市的关系十分密切，它既体现了一种社会现象，又反映出一种社会意识，并影响着人们的生活方式。城市的象征不仅仅是视觉上的符号，更是承载着城市精神的载体。

城市的象征，承载着人们对城市的情感，蕴含着城市的精神追求、人文情怀、地域特色、发展策略等多重内涵，能够唤起人们对城市美好的回忆。在信息社会里，城市标志不仅是一座城市重要的文化标识和形象名片，更是一种特殊的语言载体。信息化时代的城市形象特征在城市标志的符号形式中得到生动的展现。

1. 城市标志的特性

城市标志的生成是通过对特定的视觉符号形式进行符号化赋值的过程，从而呈现出一种人工创造的特征。它既是一种艺术表现手段又是一个社会文化现象。城市标志的语义形式在最初确定时就应该十分明确，也可以在发展中逐步完成与完善，一旦城市符号的语义形式确定之后，就不要轻易更改，以免造成形象的断层和混乱。

城市标志是一种有机实体，它将形式和内容相互融合，形成了辩证的整体。因此，城市标志不仅需要有一定的审美价值、艺术价值以及商业价值等方面的功能，还应当具有强烈的社会属性。城市标志的含义是在其形式和内容的协同作用下所传达的，它不仅反映了城市标志创作主体的思想情感和观念，同时也蕴含了社会公众积极参与和创造的深层内涵。因此，城市标志作为一种特殊的艺术形态，它具有独特而鲜明的审美价值取向。一个充满活力的城市标志，承载着城市的全部精神和文化内核，将最能代表城市品牌形象的元素汇聚于一个中心，形成了高度浓缩的信息元和典型的城市视觉形象，从而有力地融入视觉化的世界之中。如果只局限于对某一具体城市标志本身进行分析，那么就很难真正了解这个城市的整体状况。一个城市的标志只能适用于某一特定的城市，也只能代表某个特定的城市。

2. 城市标志的类型

城市的品牌形象识别和核心价值所在皆以城市标志为主要表现形式。城市标志设计在城市发展中扮演着越来越重要的角色，成为衡量一座城市综合实力及竞争力的标尺之一。不同类型的城市所呈现出的城市标志，涵盖了理念型、人文型、地域型和战略型等多个方面，各具特色。

（1）理念型城市标志

城市的理念型标志注重展现城市独特的精神信仰、价值观、哲学思想以及文化价值等方面的内涵。

城市的灵魂在于其理念，城市的灵魂更是城市文化的核心动力。城市精神在一定程度上代表着一个城市的形象和品位，也反映了该地区人民的精神面貌和精神风貌。通过将抽象的城市精神概念融入城市标志中，并运用简洁的视觉元素，使城市精神深入人心，从而使人们对城市的本质、发展方向和意象有共同的认知，并产生归属感。

例如，2006年，重庆市将城市标志确定为"人人重庆"，以"双重喜庆"为创作主题，两个欢乐喜悦的人组成一个"庆"字，道出重庆名称的历史由来。其视觉形象以人为视觉元素，展现出重庆"以人为本"的城市精神和重庆人"广""大"的胸怀，并有祝愿美好吉祥的寓意。

（2）人文型城市标志

城市的人文特征和历史文化等多种文化现象，是人文城市标志的主要关注点。在中国改革开放不断深入发展和社会主义市场经济逐步确立的今天，人文型城市标志作为一种重要的视觉形象已经越来越受到人们的重视。对于城市而言，其文化是通过传统与现代、本土与外来、高雅与通俗、区域文化与世界文化的交融，从而塑造出一套先进的文化价值框架。

城市的存在离不开人类的存在，人类的物质和精神活动为城市文明的形成提供了必要的支撑。城市与人类文明有着密切的联系。城市的规模、建筑等，构成了城市的外在形态，而城市的人文素质、人文内涵则是城市的灵魂、生命、品位和绿色文化原野的体现。

例如，昆山市城市标志，从整体看，是一个山体的图案，而祥云的图案则构成了"昆"字，暗含昆山市的市名，而且山体寓意为"山高人为峰"，象征昆山人在攀登现代化新高峰的征程中永不满足，追求卓越的人文精神。

城市的历史文化是城市的根源和血脉所在，是城市文化的重要组成部分。城市与历史密切相关。城市的历史文化是由不同历史时期的民族或地域文化相互交融而成的综合体。城市文化的独特性表现在其独特的空间形式、丰富的物质内涵及深厚的精神底蕴等方面。一座城市的文化传承历经岁月沉淀，孕育出与其他城市截然不同的文化特质，并形成了一种独特的文化特色，即塑造了一个城市独特的人文气息，又决定了城市的发展方向和形态。

城市的历史文化又是构成城市形象的重要元素之一，它可以从多方面反映出一个城市独特的精神内涵和文化底蕴。城市所承载的历史文化，具有强烈的地域性、时间性和广泛的接受度，深深地扎根于人们的心中。

城市作为特定人群活动空间，其形象塑造需要借助一定形式的设计来实现，而城市标志则是对城市形象进行有效传播的重要途径之一。城市的标志不仅仅是简单的二维图形或高层建筑，更是一种具有典型象征意义的城市符号，它是城市公共艺术的体现。因此，从本质上讲，城市标志就是一种特殊的视觉符号。城市文化的深厚积淀是塑造个性化城市视觉符号的精神根源，而城市的本质形态和自然资源则是构成城市个性的重要物质要素。城市标志系统作为城市形象的象征符号之一，不仅可以为市民提供一个识别空间，还能引导人们从不同角度来认识这个世界，从而促进社会经济发展。在现代化建设的进程中，许多国内外知名城市都在传承自身的文化"母体"，并以此为基础打造城市的核心竞争力，以延续城市文脉。同时，城市标志又是一种独特的城市景观形式，它通过特定空间、环境和时间等要素传达出某种特殊的信息，使人们产生联想，从而引发对该城市特有事物或事件的关注。总而言之，城市的文化内涵应该融入城市标志的设计中，使其成为城市文化的象征。

（3）地域型城市标志

地域型城市标志是一种城市视觉符号，其主要特征是在凸显城市的地域文化、地理地貌和气候等方面。地域型城市标识系统设计就是以一定区域内某一特定历史时期或特定地区的自然环境与人文环境作为依据来构建起一种具有鲜明地域性特色的视觉形象。因为每个城市所处的地理位置不同，导致了其自然条件和地貌特征的多样性。这些差异性导致了人对该城市形象的认识也不尽相同，从而形成了鲜明的地域性特点。研究表明，当提及一座城市时，人们往往首先想到的是其所处的地理环境，这一现象在人们的记忆和印象中得到了充分的体现。因为只有通过这个地方才能使人对这座城市有一个清晰而直观的认识,进而唤起他们强烈的情感体验。因此,城市对外传播时的主要形象因素在于其所处的地域特征,而城市的地理环境则成为主要的形象构成要素,自然地留下了深刻的印象。作为一个城市形象的窗口——城市标志,其设计要考虑到地域性特色和人文历史传统,以突出该地区特有的文化内涵,从而吸引更多消费者。昆明的城市标志是一项相当成功的典范,昆明四季如春被誉为"春城",四季鲜花盛开,繁花似锦,美不胜收,街头巷尾处处可见,成为昆明显著的地理特征。昆明被誉为"宜居之城"或许是因为它四季如春的气候吸引了无数人前来定居。因此,昆明政府将这种独特特色作为城市品牌形象推广的核心定位,提出了"在昆明居住"的营销口号。昆明的城市标志,生动地展现了这片土地上春天的气息、阳光的温暖和各种美丽的花卉的绚烂,彰显着这片土地的独特魅力。

总之,城市标志的设定既要综合反映城市的发展思想、服务领域、建设基础和社会发展水平,又要体现城市的个性特征和精神风貌。城市标志绝非单纯的图形设计,而是需要紧紧围绕城市这一主题,将城市的地域特征、历史文化内涵、精神和发展战略融入城市的视觉符号之中,使之成为"人无我有、人有我优"的城市视觉形象。每个城市的特点各不相同,如果各个城市在设定城市标志时,能够牢牢把握定位思路,那么城市的个性差异就会显现出来,也就避免了城市视觉文化的趋同化。

(二)城市象征物

城市象征物是指用于隐喻或象征城市某种特定意义或事理的具体形象或事物,城市象征物包括城市的市树、市花、市鸟、吉祥物等。

1.城市象征物的类型

城市象征物是从城市的本质形态、文化内涵、发展策略等多个方面提炼出的,能够代表和体现城市特征的形象象征物,包括自然型、人文型、经济型和建筑型等多种类型。

(1)自然景物类城市象征物

自然景物类城市象征物,是从城市的自然环境因素中提炼出具有城市特色的自然物象,并通过视觉化的设计,将其作为城市的象征之一。在城市景观设计过程中，应将这一类自然景物与现代城市精神和文化相结合，使之成为具有独特魅力和内涵的景观元素。城市的自然景观是由城市的地貌、气候、地质、水文和植被等多种元素构成的，这些元素不仅是城市品牌形象的核心，也是城市视觉形象的基本组成部分。

城市的象征物构成离不开其所处的自然环境因素，这是城市物质基础的重要组成部分。它在很大程度上影响着人们对城市的认识和评价。南京作为中国历史悠久的城市，不仅承载着悠久的文化底蕴，同时也是一座具有优秀革命传统的城市。在这座城市中，一棵常青树雪松挺拔雄伟、四季常绿、品格刚毅、耐受严寒酷暑，是城市的一大特色。在这古老又年轻的历史名城中，有许多优美动人的风景和人文景观。梅花象征着坚韧不拔、百折不挠、自强不息的革命精神品质，是南京市花。这些城市的象征性物品所蕴含的是城市所具备的卓越品质。它们不仅有优美的形态和丰富的内涵，而且还以其独特的魅力吸引着无数游人前来观赏。

（2）人文景观类城市象征物

城市的人文特色在人文景观类象征物中得到了充分体现，这些象征物是根据城市人文因素精心挑选而成的。它与自然景观一样具有历史价值和艺术魅力。人文景观所包含的元素，涵盖了历史悠久的文物和古迹。在对城市形象进行设计时，应将人文关怀融入其中，突出其地域特色和民族特色，体现出独特的文化底蕴与内涵。以城市典型的人文景观作为选择城市象征物的依据，通过整体的规划，形成独具个性的象征物，使之成为重要的城市品牌形象要素。

作为中华民族传统建筑和最具代表性的人文象征物，北京天安门的华表不仅是城市人文景观的视觉符号，更彰显着中华民族深厚的文化底蕴和历史底蕴。西安作为中国历史上建都朝代最多的城市，悠久的历史和深邃的文化底蕴为其留下了众多享誉中外的古迹名胜，其中最引人注目的莫过于保存最为完整、规模最为宏大的古城墙；秦始皇陵兵马俑，被誉为全球第八大奇观，在这里还保留着大量具有浓郁地方风格、独特艺术魅力和深厚文化底蕴的传统建筑与民居景观以及丰富多彩的民间工艺美术制品和民间艺术品种。这些深刻的记忆和强烈的视觉识别符号已经深深地烙印在西安这座古城的记忆中，成为西安实施"塑造中国有文化特色的文化古城"战略规划的基石。

总之，城市的发展必须处理好传统文化与现代文化的辩证关系，要注重对历史文化遗产的保护和文化传承,要注重从历史文化中提取城市的视觉象征元素,凝练成城市的象征物,形成具有强烈视觉冲击力的城市视觉形象。

(3)典型形象类城市象征物

城市象征物中,典型形象指的是以城市典型的建筑、雕塑、景观等为代表的象征物,用以表达城市的象征意义。

被誉为城市永恒的雕塑和凝固的音乐符号的典型建筑,彰显着城市的文化底蕴和历史底蕴,作为一个特定历史时期内政治文化中心的城市形态,往往以某种独特的形式表现出来。建筑不仅是一种功能展示,更是一种深刻的审美体验。建筑作为一个整体或个体,既可单独使用,又可同其他要素相互搭配组成群体结构。从更深层次的角度来看,城市建筑的多样性和组合方式,不仅反映了其民族性、时代性和社会生活方式的演变,更具有一定的象征意义和独特的识别特征。建筑与环境构成一个完整系统,城市的主要标志之一就是它所处地区的地理环境。建筑是城市的微观组织,是城市的基础单元,是反映城市基本性格的实体,城市建筑群是了解城市文化和气质的重要形态。

因此,建筑在城市中扮演着记忆和象征的角色,成为探索城市文化的物质媒介,为我们提供了深刻的认识。建筑是一个国家或地区历史发展进程中留下的印记,它记录着时代变迁,见证了社会进步。从巴黎的埃菲尔铁塔到悉尼的歌剧院,再到北京的故宫、白墙黑瓦的皖南民居以及湘西凤凰的"吊脚楼",每一座建筑都代表着独特的文化底蕴,彰显着不同文化的魅力。

这些建筑不仅是其所在城市的象征,更是一种独特文化的象征,深刻地展现了这些城市的独特魅力。在这个意义上,我们可以说这些具有地域特征的建筑是一座城市的名片,它体现着这座城市独特的历史与现实。这些实实在在的建筑物在人们心中留下了难以磨灭的深刻印象,使得城市的形象变得更加鲜明而具体。

2. 城市象征物的设定原则

根据对城市象征物的视觉特性和功能的深入分析,我们可以得出一个结论:在城市象征物的设定过程中,必须遵循一系列原则。

(1)互补性原则

互补性原则是指城市象征物对城市标志的补足或补充。城市象征物与城市标志在运用上各有所侧重,城市象征物人性化的特征和灵活的使用方式,可以弥补城市标志过于严肃的使用缺陷。城市象征物与城市标志在使用上相互补充、相得益彰。

1990年，经过上海市人大常委会的审议通过，上海市的城市标志确定为一个由市花、帆船和螺旋桨构成的三角形图案，这个图案不仅象征着长江三角洲地区的黄金地理位置，同时也象征着上海作为一个不断前进的城市就像一艘轮船上的螺旋桨一样。在图案中心扬帆出海的沙船是上海港最古老的船只，象征着上海这座拥有悠久历史的港口城市的辉煌；在初春的时节，一片洁白的玉兰在沙船上绽放。这些都体现出了一种独特的文化内涵和审美情趣。上海这座城市选择了白玉兰作为市花，并规定了市花的标准色为纯白色。白色不仅代表纯洁、高雅，而且还具有吉祥和美好的寓意。因此，相较于其他城市，上海的城市视觉符号具有更高的辨识度。

（2）对应性原则

对应性原则是指城市象征物的设定要与城市的文化以及城市的视觉形象保持一致性。

第一，城市象征物与城市文化的对应性。城市象征物的设计不同于纯艺术的创造，要考虑城市诸多的制约因素，其中最为重要的是城市的文化因素。城市象征物的设定要植根于城市的地域文化之中，与城市的发展定位相对应，与城市的政治经济、历史文化、地域环境等物质与非物质因素相对应，与城市核心理念相对应，与形式美法则相对应。另外，城市象征物的设定还要从文化的角度出发，考虑与市民的心理需求相对应，考虑人在环境空间里的视觉感受，关注人们对文化的本能渴望，塑造出具有该城市文化特色的象征物。

第二，城市象征物与城市标志的对应性。城市象征物是城市视觉形象的有机组成部分，所以城市象征物要与城市标志及其他视觉要素保持形式与内容的一致，才能够与城市视觉符号的核心——城市标志形成相辅相成、相得益彰的运用效果。

（3）具象化原则

具象化原则是指象征物造型与表现形式的具象化。城市象征物作为城市标志符号的辅助形象，一般来说多以具象化的表现形式出现。具象的造型更容易被感知，具有更为广泛的受众基础。象征物的具象化体现在可以通过卡通形象，也可以通过具象图形，甚至可以是实物照片来承载城市的个性特征和文化内涵，彰显城市的精神追求和高尚品质。通常情况下，城市象征物的设定是以一个基本造型为主体，根据所要表达的文化内涵及形象传播的需求，扩展为造型一致的系列形象。作为澳门回归象征的吉祥物燕子，其形象在不同场合呈现出多样化的演变，从而增强了澳门城市形象的亲和力和辨识度。

（4）人性化原则

人性化原则是指城市象征物的设定要以人为本。城市象征物的人性关怀具体体现在目标对象之间的互相吸引和亲和力上。在城市象征物中，吉祥物的造型通常采用拟人化的动物、植物等活泼可爱的形象，这些形象能够表现出人性特性，如顽皮、活跃、勇猛、慈祥、善良等，经过夸张、变形、美化后更加亲切可爱，具有更强的感染力和视觉冲击力。因此，吉祥物作为一种具有独特文化内涵的象征符号，能够唤起公众对城市历史发展进程与现状的回忆。城市品牌形象的社会基础的扩大得益于城市形象在传播过程中潜移默化地渗透到人们的认知领域。

无锡的惠山泥人是无锡最具地方特色的民间艺术，而阿福和阿禧则成了无锡城市象征物中最具代表性的元素。他们的造型亲和朴拙、对称和谐，蕴含着安乐、圆满和合的精神内涵，既寄托了无锡人朴实美好的生活理想，也展现了江南水乡、幸福之地的地域特色，更符合当今追求和谐、幸福的时代禀赋。

（三）城市视觉符号的文化向度

在知识经济的时代，城市经营所依赖的并非有形资产，而是无形资产中的品牌和形象。

城市文化和城市精神的传播媒介是城市视觉符号，作为城市视觉形象的核心识别要素，城市视觉符号扮演着不可或缺的角色。随着经济全球化进程的加快，城市间的竞争日益激烈，城市发展越来越注重自身的品牌形象建设，而城市形象的塑造又离不开城市视觉符号。城市的视觉符号不仅是城市无形资产的有机组成部分，更是城市文化的重要组成部分，代表着城市的文化价值观，成为一种全新的城市文化现象。

1. 城市性格的阐释

每个城市都有其独特的个性特征，就像每个人一样。城市中所蕴藏着的历史、人文、地理等诸多因素，也影响着每个人的生活方式与审美情趣。每个城市都有其独特的文化特征，这些特征共同塑造了城市的个性。城市性格在一定程度上代表着一座城市的历史传承和文化底蕴。城市的文化和性格特征在视觉符号中得到了生动的诠释，这些符号以各种不同的视觉语言形式呈现，展现出城市的多样性和复杂性。城市视觉符号不仅是城市的印象标识，也是物化了的城市文化形态。城市视觉符号用鲜明、简洁的艺术形式承载着丰富的城市文化内涵，形成鲜明的城市性格。

每座城市因其独特的人文历史、地理环境和风土人情等文化元素获得了城市独特的个性魅力。城市性格作为一种独特而又鲜明的个性形象，对提升城市品位具有重要意义。城市是一种具有鲜明性格特征的独特形态，即城市品牌的象征或标识。城市的性格是城市文化和精神的凝聚体，是塑造城市形象的核心元素，为城市品牌形象赋予了卓越的品质。在城市形象设计中，要想凸显城市独特个性，就要注重对其进行性格上的分析。城市的精神和文化是塑造城市性格的重要因素，因此，城市视觉符号作为城市视觉形象的核心，必须凸显出城市所特有的性格特征。城市的性格与视觉符号的设置密不可分，在某种程度上讲，城市视觉符号就是对城市性格的诠释。城市视觉符号的塑造过程实则是以感性的视角审视城市，从文化的角度感知城市的演变过程。

2.城市文化的感知

城市文化的物质载体是由城市视觉符号所构成的。因此，在现代社会中，人们更多地把目光聚焦到城市视觉符号上，因为它不仅代表着一个城市独特的形象和特征，同时也承载着该地区丰富多样的历史、人文信息。从视觉符号的文化属性角度来看，人们对城市文化的感知主要是通过视觉符号实现的。因此，城市视觉符号在很大程度上代表着一个城市的历史积淀和精神底蕴。在城市中，城市文化总是以一种抽象的概念存在，而城市视觉符号则是通过物化的视觉艺术形式将这种抽象的文化概念传递给受众，从而成为人们识别和认知城市的重要途径。所以，不仅要重视城市传统文化的传承，也要充分地重视现代文明建设，这样才能保持城市旺盛的生命力。

要进行城市视觉符号的设定，首先要对城市的文化要素进行深入的整合与分析研究，确定城市的文化定位。每一座城市的文化都有其个性特点，或是历史悠久的传统文化、或为独具创新的现代文化、或是城市的精神文化、或为城市的物质文化，不同的文化具有不同的识别特征，并通过城市视觉符号被受众感知。在城市品牌形象建设的实践中，不乏以独特的城市文化为定位的案例，如曲阜市是孔子故乡及儒家文化的发源地，孔子故里和历史文化名城的文化优势，成为城市定位的文化基础。

城市视觉符号的设定需要人们对城市文化有深刻的理解及判断，进行抽象思维和逻辑推理，总体把握城市文化的精髓和本质，将艺术表现形式根植在地域文化的沃土之上，只有具有城市文化精神的城市视觉符号才能真正体现出城市的文化象征意义。

3. 城市精神的传承

城市的精神实质是城市哲学观、价值观和文化观的综合体现，是意志品格和文化品质的凝聚，是生活信念和人生境界的升华，是城市市民所认同的精神价值和共同追求，也是城市的核心所在。城市视觉符号是在现代社会中形成的具有特定意义和功能的形象系统，它承载着一个城市的历史积淀和文化底蕴，是一个城市区别于其他城市的重要标识之一。城市视觉符号不仅是城市独特精神品质的体现，更是城市无形文化资产的重要组成部分，同时也肩负着城市非物质文化传承的使命。因此，从本质上讲，城市精神是由视觉符号所承载的城市文化内涵而产生的。城市文化是塑造城市精神的基石，城市精神是城市文化的核心和本质。城市的发展离不开城市精神的支撑。城市文明的演进孕育了城市的人文精神，而这种精神在漫长的历史进程中逐渐形成了鲜明的地域特征。随着城市化进程加快和经济全球化趋势加强，各地都纷纷将发展目标锁定在提升城市形象上，以打造自己的强势品牌来提高自身竞争力。例如，长沙提出的"心忧天下，敢为人先"与上海所倡导的"海纳百川、追求卓越、开明睿智、大气谦和"的新城市形象形成了鲜明对比。这些都体现出一种共同的特征，那就是根植于传统文化基础之上的人文精神和城市品格。城市的精神是一种扎根于历史、扎根于现实、与时俱进、引领未来的精神力量，这种精神贯穿于整个城市的发展过程中，形成了一种具有延续性的精神风貌。

每个城市中都存在着许多能够代表其精神实质并具有传承价值的元素，这些元素可以作为城市视觉符号的视觉元素。这些城市中的建筑、街道、景观等均能在一定程度上体现出城市文化特征及历史积淀，从而形成鲜明而独特的城市形象，即城市精神。例如,北京的天安门、华表、故宫,上海的南京路和东方明珠电视塔,韶山的毛泽东故居,拉萨的布达拉宫等。这些城市所独有的标志性事物,随着岁月的推移,不断传承和演绎着城市特有的精神,并以物质形态沉淀下来,成为城市不可或缺的精神象征,彰显着城市的文化品质和内涵,彰显着城市的文化导向。

第二节　城市品牌形象的精神识别系统

城市精神识别系统是城市品牌形象识别系统的中枢系统，体现了城市的非物质层面，协调并指挥着城市行为识别系统、城市视觉识别系统等物质层面。

一、城市精神概述

（一）城市精神的界定

在汉语中，"精神"一词为哲学名词，意指人的意识、思维活动和一般心理状态。20世纪初，中国哲学家用"精神"一词来翻译西方文论中的"spirit"，从而使其又有了新的含义。辩证唯物主义认为，精神可以影响物质，物质也可以决定精神，这一对矛盾是可以相互转化的。按照马斯洛（Abraha Maslow）的行为科学理论，我们可以将其理解为获得"尊重与自我实现"是人类行为最高层次的目标。精神高于满足"生存与安全的需要"，高于"社会交往与爱的需要"，是行为的最高层次的动力。20世纪90年代初，日本学者小川和佑在《东京学》中最早提出"城市精神"的概念。"城市精神"从内容上讲，是指一个城市中占主导地位、起主导作用的公民精神；从形式上看，则指体现在公民主导意识下的城市物质文明建设、管理及运行方式和运行状态。城市精神包含了形成品牌形象要素的全部基因。城市品牌形象战略的实质在于明确城市精神，确保在不同的媒介传播与时间推演中品牌形象的一致性。

美国纽约市布鲁克林区的小星城是一个由30个不同族群组成的居民区，小区在1974年就提出了以"安全、团结、良好、教育、充分休息"为原则，以"和睦共处""好好生活"为精神理念的相处模式，保证了该地区的繁荣发展。现代的城市精神充分地体现出理想与物质、人性与技术、自然与科学、传统与现代的完美融合，映射出了现代城市的特色与魅力。

城市精神确立的依据，源于人们对城市的历史、现状与未来的深入理解，对城市的政治、经济、文化、社会多种资源以及对竞争对手的多方位的全面分析，以此为基础凝练出城市的品牌形象核心价值，城市品牌形象的理念代表城市带给市民的最大和最根本的利益。

因此，推广一个城市品牌形象的实质是在经营一个城市，也可以说是用城市的精神来推销城市。城市精神的识别也是根植在先进文化的沃土上的，英国北爱尔兰在推广自己城市的品牌时提出了"触摸精神，感受热忱"的城市精神定位，并且力图通过各种城市户外活动，如高尔夫、骑马旅行和远足让受众亲身体验北爱尔兰城市品牌形象的核心价值。

城市精神的界定涉及城市精神功能和作用，对城市品牌形象的特性研究，是近年来城市科学和城市规划界探讨的热点，鉴于城市品牌形象的精神识别、行为识别、视觉识别、空间与环境识别以及管理与推广系统之间相互独立又互为依存的特性。城市精神识别系统是整个城市品牌形象系统运动的内核，城市的视觉识别、行为识别、空间与环境识别都是精神识别系统的媒介和外延形式。城市管理与推广系统在城市品牌形象建设中既是城市精神识别的媒介，又反作用于城市精神识别系统，对保证城市品牌形象系统的有效运行起到了决定性作用。

（二）城市精神的本源

城市的精神究竟从何而来？它绝不是无根之木，无源之水和主观的杜撰。虽然说，我们可以建设一个新的巴黎圣母院，但是巴黎圣母院的历史与文化是不能拷贝和再生的，也就是说，城市的精神与文化是城市本身具有的，是城市在发展过程中沉淀下来的，具有唯一性和排他性。巴黎城市的浪漫气质无疑源于其历史渊源、民族精神以及浪漫文化。如果我们人为地将巴黎的城市精神主观定义为壮观，其结果是可想而知的。

城市精神源于城市的内涵，是城市发展哲学的高度概括，是城市历史文化传统所凝聚成的民风和市民精神的写照，如"实干兴沈、开拓图强"的沈阳精神及"拓荒牛"的深圳精神，都体现出了这些城市特定的精神形象。城市精神也源于城市市民的哲学思想、价值取向以及人本精神。

1. 哲学思想

哲学思想是指哲学思维活动的结果，也称理性认识或观念。人们的社会存在决定人们的思想，城市的发展也是如此。一切根源和符合城市发展客观事实的思想都是正确的思想，对城市的发展起到积极的促进作用；反之，将对城市的发展起到阻碍的作用。我们应该承认，哲学思想是指导城市品牌形象建设活动最基本的思维基础和最根本、最直接的指导思想。

城市发展的世界观与方法论涉及人们对于城市发展的哲学思想，这些思想对于指导城市的发展战略具有至关重要的作用。哲学上对城市的理解是一种理念和思想，它不仅包含了关于人与自然的关系以及人的社会历史活动等方面的内容，同时也蕴含着丰富的内涵。城市的精神是一种超越物质的存在，它承载着人类的追求和理想，是一种超越物质的精神境界。在城市中，人的思想和行为都是由城市本身所决定的，因此城市的哲学本质上就是关于"城市"及其特征、功能的思考与总结。虽然城市居民的世界观和城市的文化现象共同塑造了城市的哲学思想，但这种思想却超越了城市本身的范畴。城市哲学作为一种哲学理论体系，其主要特征在于对现实世界进行思考和分析。城市的精神是由一种超越现实的哲学思想所构成，这种思想为城市的发展提供了强有力的内在支持。城市的哲学思想是对城市存在的客观反映，而城市存在的客观基础则由城市的经济、政治、文化客观状态所构成，城市的发展状况直接影响着城市的面貌和精神。城市精神就是在这一前提下形成的一种内在的动力机制，它以物质实体为载体，表现出与之相适应的价值追求和理想目标。马克思主义认为社会意识的形成是由社会存在所决定的，而所有社会都存在于特定的历史和时空背景之中。在不同时期，不同国家的城市有着不同的特征，而这一特点也会随着时代的变迁而改变。因此，对于城市精神的理解，必须将其置于特定的历史和空间背景中，同时还要考虑城市发展与城市精神之间的关系。

2. 价值取向

价值取向是价值哲学的一个概念，指的是在处理各种矛盾、冲突和关系时，某一主体基于其独特的价值观念所持有的基本立场和态度。它反映了不同社会历史条件下人们对待事物及其相互关系时所持有的基本观点，也体现着不同时代人们对某种价值观的追求。价值取向是一种实践品格，显著作用在于决定和支配主体的价值选择，从而对主体自身以及主体间的关系产生深远的影响。因此，合理化的价值取向是人类进步的信仰。城市作为社会生活中的特殊领域，它所蕴含的丰富价值内涵使之成为当代人们关注的焦点之一。城市的价值取向主要分为公德精神与公民精神两种，公德精神主要表现为良好的公共道德和公共秩序。城市公德还体现在许多细微方面，比如说不随地吐痰、不乱穿马路等，这些既是公民应该遵守的基本公德，也反映出了城市居民的基本素质。社会公德还包括职业道德、家庭美德等，这些都是构建和谐城市的基础，也是城市精神的基本内涵。

公民精神更多地体现在政治和法律层面上，法律精神、平等精神、民主精神构成了现代公民意识与公民精神。在公民精神的作用下，公民的维权意识得到提升，这既能促进政府行为的规范，也能调动公民的主人翁精神以及他们参与城市品牌形象建设的积极性，形成公民权利和义务的统一。在城市建设中建立健全公民的参与机制，保证公民的知情权、选择权、监督权，是政治文明与社会进步的表现，也是城市精神文明的重要内容。

3. 人本精神

科学精神与人文精神的结合构成了人本精神。城市发展是由人类创造和延续的，城市的发展也必须依靠人。所以说人本主义精神是城市精神的最高境界，人本精神是城市存在的价值和理由，也可以说城市的精神源于人本主义精神。人本精神还体现为每个城市应该拥有自己独特的文化品位和个性魅力。纽约不同于巴黎，巴黎不同于伦敦，不同的城市会使人们感受到不同的品位，这也正是城市之间人本文化的区别所在。

虽说城市精神是看不见、摸不着的，城市的精神文明建设远比移花栽木困难得多，但是城市的精神同样是可以建设的。城市的精神文明建设要处理好两方面关系：一是物质与精神的关系，二是制度与文化的关系。物质与精神的关系，是指物质条件的改善会给城市的精神面貌带来很大的改观。制度与文化的关系，是指文化建设与制度保障紧密相连，意思是说新文化建设要有制度的保障，要通过制度安排、制度建设、制度创新来改善文化环境。

（三）城市精神的价值

城市精神的价值性是指城市精神具有正确的导向价值，具有城市存在价值取舍及城市行为和活动的目标作用，并且具有形成城市高尚思想品德的价值作用。城市精神能够把城市的活动从现实引向未来，从低级目标引向高级目标。

美国城市学家 R.E. 帕克（Park R.E.）认为，"城市是一种心理状态，是各种礼俗和传统构成的整体。"[①] 城市并非仅仅由人工建造而成，它还与居民的各种活动紧密相连。从某种意义上说，城市就是人的生活方式、交往行为及价值观念等社会历史现象的总和。人类城市演进史表明，城市不只是地理学、生态学、经济学、政治学上的一个概念，同时也是文化学和艺术学上的一个概念。21 世纪世界城市的发展把"人"放在城市发展的首要地位，而强调"人本"因素的核心就是对人文精神的关注。近年来新加坡开展城市的"心件"建设，就是通过政治稳定、社会和谐、市民合作精神、价值观和人生态度等精神文明建设，建构起城市新的精神文化，美国亚特兰大的"城市再生"计划，也是要重塑城市的人文精神和城市理念，这些案例都充分地证实了城市精神的存在价值。因此，城市精神的确立将促使城市形成一种思想会聚、文化交融、制度创新的人文环境和价值取向，这种城市积极向上的价值取向才是城市生存和发展的基础与内在动力。

城市精神同样作用于城市的硬件建设，城市的价值观念直接反映为城市的品位和格调。事实上，城市发展的每一个阶段，从精神层面而言就是从精神到物质转化的发展过程。从本质上讲城市也是一个文明实体，城市精神作用于城市的实践是一个不争的事实。在城市发展的历史与现实中，无论是城市品牌形象建设还是企业文化建设都是以精神文明建设为核心，并以此为行为与活动的目标来协调与处理城市与企业发展中的各种矛盾。不少城市精神建设的经验表明，企业品牌形象建设是城市现代文明的有机组成部分，企业精神与物质的价值转换规律对于城市精神建设有积极的参考价值。城市精神所追求的境界，也许并不一定是经济增长的直接目标，但是一定是推动社会经济文化发展的重要因素。

（四）城市精神的可塑性

城市精神虽说是在一定的历史和现实条件下形成的，但是同样具有可塑性。

城市精神是指那些能够代表人民群众根本利益和社会发展方向的思想、进步观念和优秀文化，不包括城市文化中消极落后的因素。城市精神的塑造是通过汲取城市思想精华，树立健康向上的精神理念，抛弃落后的文化糟粕而实现的。

[①] R.E. 帕克. 芝加哥学派城市研究文集 [M]. 北京：华夏出版社，1987.

此外，城市精神的可塑性还体现在城市精神要能够适应城市发展过程中环境变化的需求。城市的发展和人类的历史一样都会经历许多磨炼，城市精神的可塑性及其在城市发展的关键时期所起的作用可见一斑。

二、城市精神识别系统的架构

从系统架构的角度来看，城市精神识别系统应包含城市理念观、价值观和文化观。

（一）城市理念观

城市理念观是指能代表城市发展的整体思想观念，由城市积极倡导并自觉实践的深层次社会意识形态。城市理念观是城市精神的抽象表现形式，集中地体现出了城市的世界观、审美观和发展观，是城市所有精神元素中最能体现与代表城市特质的典型思想特征。

城市理念观包括世界观、审美观和发展观三个方面。

1. 世界观

世界观是城市精神的重要组成部分之一，是人类社会思想意识层面上对世界的综合认知。世界观具有相对独立性和相对性，它可以从不同角度反映出一个人的思想状态和价值取向。哲学是对世界观理论的一种具体呈现。世界观反映着人对客观事物的根本态度以及认识世界、改造世界的基本方式，是一种带有普遍指导意义的思维方式。随着人类社会的演进和分化，世界观也随之形成和发展。不同时代有不同的世界观。世界观的形成是在社会实践的基础上逐步展开的，而在实践活动中，人们首先形成的是对现实世界中各种具体事物的理解。这些看法和观点又通过一定的方式进行表达。随着时间的推移，人们逐渐形成了一套关于世界本质、人与客观世界关系等方面的总体观念和根本观点，这就是我们的世界观。人们的社会地位和经济基础的差异导致他们对问题的观察角度和世界观的形成存在差异。对于世界观的核心问题，即精神与物质、思维与存在之间的关系，根据对这两种关系的不同回答，我们可以将其划分为两种根本对立的世界观基本类型，即唯心主义和唯物主义。前者把世界看作一个孤立而静止的整体，后者则认为世界是运动变化着的、有机联系着的统一体。通常情况下，每个人都拥有自己独特的世界观，这是人们观察和解决问题的指导原则。在一定意义上说，一个地区、一个国家或一个民族，如果没有正确的世界观，就不能有效地开展工作。城市所持有的世界观，是城市在处理各种问题时所秉持的基本准则。

城市世界观形成了城市的精神内核。每个城市的世界观形成和发展由特定的历史过程形成并影响着整个城市发展的过程，即物质决定意识，意识反作用于物质。每一个城市的功能与形式特征，不仅是为了满足市民日常生活的功能性需求，同时还为满足人们的精神生活需要提供了必要的条件。城市的世界观对于城市发展和建设具有积极的主导作用。思维决定存在，世界观决定方法论，不同的世界观作用下采取不同的行动，从而决定了城市发展的模式、广度与深度。城市的世界观并不是一成不变的，它会随着社会的发展有所进步。城市世界观是创造新事物的基础。说到底，无论何种创造活动都不可脱离世界观的支配。然而只有自觉地认识城市世界观的深刻内涵，科学地吸收其中富有现实生命的因素，才能建立健康向上的审美观、价值观和文化观。另外，城市环境也能体现并成为城市世界观的载体。

城市物质形态决定了城市的世界观，世界观在一定程度上支配了城市物质形态的发展与演进。思维决定存在，有什么样的世界观就有什么样的城市形态、审美观念、发展模式、文化理念。

2. 审美观

审美观就是从审美的角度看世界，是世界观的组成部分，是随着人类改造世界的实践而发展的。审美的过程和人类生活的实践创造历程紧密相连，审美伴随着城市的发展而逐步深化，最终形成了城市特有的审美观。城市审美观是客观美和主观美的结合，城市的客观美就是组成现实物象的美，城市行为特征美、城市视觉形态美、城市空间环境的结构美构成了城市客观美的物质载体。城市的主观美是城市精神作用于物质要素从而产生对美的思想评价，城市品位是城市主观美的表现形式。

美是人类生产劳动和社会实践的产物，是人类积极生活的显现，是各种事物在人们心目中引起的愉悦情感。城市审美观就是从审美的角度看城市，是城市哲学思想的组成部分。城市审美观是由一定阶级所掌握的文化知识、道德规范与审美理想结合起来的一种思想意识，它反映着特定时期的经济、政治、历史及地理条件下人民群众的审美要求和愿望。在现实生活中，并非所有的劳动产品都具备美感，也不是所有被"人化"的自然界都拥有美感。尽管城市可以成为审美的客体，也有能够产生美感的本质，但并非所有城市都拥有相同的审美特征，也不是所有人都能通过审美活动获得相同的审美感受。因此，城市审美观与城市哲学理论有很大差别，它是美学原理同哲学基本原理相结合的一种特殊形式，是一种独特的艺术形态。获得城市之美不能依靠逻辑推理和理性思考，而在于感官器官对城市基本特征的感知以及对城市形象的直接感知，进而通过审美判断来实现。因此，审美是一个人从感知到理解再到创造的认识与实践过程。对于城市的审美体验，必须始终以具体、形象、贴近的感受为基础。一个城市美与否，取决于它的外在形态与内在品质的完美统一。城市美的本质就在于它具有鲜明的时代性和社会历史性，并与一定时期的时代精神相统一，从而使其成为一种时代现象和历史事件。审美内容不仅限于客观的现实生活，还包括客观现实的可感性，这种审美形式能够让人感受到美的存在。在人类历史上，一切艺术都来源于人的审美活动并且与人的实践活动相统一，从而产生出独特的美学效果。各种文化形式，旨在实现审美功能，皆以生活为蓝本进行了精心构思和创作。城市的美学就是研究人类在特定地域空间里创造出的与之相适应的、能使人产生愉悦感受并获得精神享受的物质条件。城市的自然和社会环境都是由各种具有一定形态的可感知物质所组成的，因此城市不仅可以满足人们的审美需求，同时也是城市审美观念的物化体现。

  城市的审美观念是对城市品位的高度凝聚，而城市品位则是城市主观美的具体体现。"品位"，就是一个人或群体在特定环境中所表现出来的独特品质，即个人素质与修养的总和。一般而言，对品位的追求意味着对卓越、境界和完美的追求，品位则是对档次、水平、价值和意义的综合体现，是对精神层面的追求。因此，城市美可以说是城市精神的具体体现。城市之美，是人类智慧的结晶，是人类通向更高层次文明的桥梁，也是人类社会长期演进的成果。城市作为一个特殊的社会群体，是人类创造出来的物质财富和精神财富的集合体，同时又具有鲜明的个性特色和丰富的人文内涵。城市作为文化的物化过程，是人类文化对城市的赞美和对文明的崇敬，同时也是对文化的肯定和对城市品位特征的体现。一个城市的建设，从规划到设计，从建造到运营都要受到人的影响。因此，当城市成为人们关注的焦点时，实际上是在审视人类所创造的劳动成果。人们通过各种方式对自身所拥有的对象物体进行观察、体验与感受，并将之视作自己劳动实践的一个重要组成部分，这就是人们的审美活动。在这种对自身所塑造的对象的关注中，人们目睹了人类积极创造性的本质力量，见证了自身生活目标和追求，见证了愿望和理想的实现，见证了自身生命、灵魂和人格的显现，从而感受到了愉悦和美感的涌动。城市作为人类文明发展到一定阶段的产物，具有丰富而深刻的内涵。因此，人类对城市品位的追求在城市审美观中得到了充分体现。

城市凝聚着人类的创造才能，是人类智慧的结晶。城市的客观物质形态呈现出的美构成了城市的客观美。客观美表现为城市的物质文化水平和精神文明程度。城市的客观美包括人文情怀美、人居生态美、建筑景观美三个方面：首先，人文情怀美是城市美的真正内核，人文情怀美主要体现在城市的人文素质、行为方式、生活态度上；其次，城市的人居生态美是城市美化、建设和人与自然的关系的统一；最后，城市建筑景观美是实用与审美、历史与现实、技术与艺术的统一。

城市的行为方式、视觉形态、空间环境的美形成了城市美的内容。城市审美观是衡量城市品牌形象的标尺。从心里接受的角度看，只有美的形象才能为受众所认知和接受，才能形成品牌效应，最终形成良好的城市品牌形象；反过来，具有美的特质的城市审美观才可以促进城市品牌形象建设。

3. 发展观

城市的发展观就是城市发展进程中对城市发展及怎样发展总体和系统的认识。具体体现为城市主体对城市的经济资本、文化资源等要素在城市发展中的价值认知与定位，这种认知与定位包括城市的基本设想、共同信念与发展目标等内容。城市的发展观是城市发展和运行过程中形成的系统的、根本的思想体系，表现为一种宏观的经营战略。

在市场经济背景下，城市发展观作为城市良性运营的宏观战略，其行为方式和手段必须与城市整体战略趋势相适应，以确保城市的可持续发展。从城市经济增长方式转变角度研究城市发展观可以为城市经济增长提供理论依据。城市的发展理念是在城市精神的引领下形成的，城市的发展模式和方法则是由城市的发展观所决定的。从城市的历史演变过程来看，人类社会进入工业化时代之后，随着科学技术的进步以及城市化进程的加快，城市逐渐成为经济社会活动最活跃、竞争最为激烈的领域之一。城市的发展目标在于提升其综合竞争力，推动其综合效益的最大化，并促进其可持续发展。城市发展理念决定着城市的发展方式、发展途径及发展目标，进而影响城市经济社会的协调发展。城市的发展理念和模式因其所处的文化历史背景、资源产业优势和精神理念的差异而呈现出多样性。在全球化时代，城市发展面临着新的机遇和严峻的挑战。首先，全球经济一体化推动了全球经济空间格局的重新塑造，产业的迁移、分工和协作推动了区域经济的一体化，既为各经济主体带来了前所未有的机遇，也带来了前所未有的激烈竞争。其次，随着社会主义市场经济体制的确立和完善，市场机制在资源配置中起着基础性作用，各种生产要素开始向市场经济中流动和配置，市场竞争日趋激烈。城市发展的推动力源于激烈的竞争，这种竞争不仅加剧了城市外部的竞争，同时也激发了城市内部的发展欲望。在全球化背景下，提升城市综合实力已成为各国政府及专家学者关注的热点。因此，提升城市的综合竞争力已成为现代城市发展的不可或缺的目标。再次，在追求经济效益的同时也要重视社会效益和生态效益。"以人为本"的理念贯穿于"人本"发展之中，以实现多方利益的平衡协调，从而促进人类、社会和资源环境的健康发展。"绿色"发展就是要通过对城市生态系统中各种生态要素进行优化配置来达到改善环境质量的目的，从而实现人与自然之间以及人与人之间的和谐发展。最后，可持续发展已成为全球人类共同追求的目标，城市发展的综合效益最大化则是可持续发展理念的具体体现。因此，在中国建设和谐社会过程中，要注重城市的全面可持续发展。为了确保城市的可持续发展，我们必须建立一种激励机制，以防止城市过度扩张，从而为城市的长期目标提供动力。

（二）城市价值观

城市价值观是指城市发展的价值取向以及城市主体存在的意义和重要性的总体性评价。城市哲学观中蕴含的城市价值观是一种涵盖城市生活各个领域的价值准则，它支配和调节城市行为活动，并制约着城市各项活动的发展。城市价值观是一种精神现象和意识形态，具有阶级性，它反映着一个国家或地区不同时期人们的利益诉求与思想追求。在城市的发展历程中，城市价值观是一种坚定的信念和信仰，它贯穿于城市的每一个角落。城市价值观是处理城市在发展中内外矛盾的准则，是城市对市民、对社会、对自然的态度与看法。

城市的精神实质体现在其所持有的价值观上，这些价值观决定了人们的行为方式和行为准则。正确、积极、健康的价值观，能引导公众去实现共同的社会发展目标，形成积极的社会风尚，促进社会和谐发展与城市建设的可持续发展。城市价值观对提升城市文化形象的层次、格调、风格起决定性作用。城市价值观也可以反作用于城市精神，促进城市精神的形成。现代化的城市价值观从处理人、自然、社会关系的层面上可以分为社会伦理价值观、生态伦理价值观与和谐发展价值观。

1. 社会伦理价值观

社会伦理价值观是一种以道德、责任和义务关系为核心内容的价值观体系，它建立在一定的社会伦理规则和基本道德规范的基础上，以人与人之间的关系为基础。城市是由人组成的庞大集体，个人价值观决定了城市的社会伦理价值观，城市的社会伦理观也会影响个人的价值取向。社会伦理价值观是研究人与社会关系的层面。从伦理的角度来看，"伦"所代表的是人际关系中的"次序"和"辈分"，而"理"则是指人际关系中的情理、道义和规则，反映了社会中人际关系的道德标准。从伦理学的研究对象看，伦理是指关于人与人之间相互交往所遵循的道德观念、行为准则及其实践活动过程。社会伦理属于价值观的范畴。社会伦理作为规范人们行为的准则，往往代表着社会的正面价值取向，起着引导和促进人们向善的功能。正是因为有了社会伦理的力量，社会才能变得和谐。虽然法治作为强制性的惩罚手段是对社会伦理约束的补充，但最终目的还是要实现社会伦理规范人的作用。

社会伦理价值观是城市精神的组成部分，是社会发展的必然。城市发展的文明程度是人类进步的重要标志，社会伦理是城市文明的重要内容。从整个社会来看，文明城市常常是人们效仿和追求的范例，是一定社会区域中文明进化的集中表现，也是社会伦理观念发展的集中体现。社会伦理形成的道德规范具有示范性。这种示范性作用主要是通过城市的文明程度来体现的。

城市包含社会、家庭和个人三个层面，社会伦理从道德的角度也应包含社会公德、家庭美德和职业道德三个方面。社会公德是指在人类长期的社会实践中逐渐形成的、每个社会公民在履行社会义务或涉及社会公众利益的活动中应当遵循的道德准则。社会公德在一定程度上反映了城市公共的道德标准、文化观念和思想传统。城市在一定程度上是家庭的聚集体。家庭美德是人们在家庭生活中协调家庭成员间关系、处理家庭问题时所遵循的道德规范，家庭美德是城市和谐的基础。职业道德是指同人们的职业活动紧密联系的符合职业特点所要求的道德准则、道德情操与道德品质的总和。职业道德体现了城市公民对职业的道德责任与义务。

社会伦理是把人的生存、需要和发展作为关注对象，以提高人的精神境界为目的，以真、善、美为最高诉求的价值取向。社会伦理的功能之一就是促进城市人际关系的和谐与人的自我完善发展。社会伦理价值观通过协调人际关系以不断提升人的存在价值，促进城市形成社会与人的全面和谐发展。社会伦理价值观倡导城市"以人为本"的发展理念，决定这种发展理念的真正原因有：一方面，现代城市的发展趋势越来越要求城市具有丰富的人性化内涵；另一方面，经济体制的转轨呼唤城市化发展的人性化取向。社会伦理的"人本精神"价值内涵要求在城市建设中挖掘城市原有的人性化资源，为城市和谐发展服务。

城市社会伦理观是城市品牌形象的软资源。文明的城市形象能够产生城市发展的向心力和凝聚力，使城市市民具有自豪感和归属感。

2. 生态伦理价值观

生态伦理价值观是指城市的发展以解决人与自然冲突为目标，实现城市与自然环境、自然资源的和谐发展。生态伦理的概念形成于18世纪20年代，是对人与自然的矛盾进行理性研究的结果。中国古代哲学中"天人合一"的观点蕴含了生态伦理的精髓，也是生态伦理价值观的思想源点。从《易经》中的"天地之大德，曰生"到孔子的"赞天地之化育，与天地参"、孟子的"仁民爱物"、老庄的"返璞归真"等中国传统伦理思想，无不包含着生态伦理价值观的崇高哲学观念。生态伦理价值观是研究人与自然关系的层面。

道德意识是人们所遵循的一种约定俗成的原则和规范，它规范了人与人之间应承担的义务和责任，进而形成了伦理。随着地球生态危机的日益严峻，现代城市的发展需要将人与人之间的伦理约束拓展至人与自然之间，以人类的义务感和良知感为支撑，促使人类对自然环境的呵护转变为完全自觉的行为。人类的自由、全面、可持续发展是遵循自然发展规律的终极目标。

尽管生态伦理学的研究历程有二三十载，它已经孕育出多种具有代表性的学说，这些学说都从不同侧面揭示了生态环境恶化的根源，提出解决生态危机的对策，其中也不乏真知灼见，对我们今天构建社会主义和谐社会具有重要的借鉴意义。尽管存在理论上的分歧，但基于伦理道德的前提，这些学说所达成的共识是一致的，具体体现为：第一，人类是地球上唯一的道德物种，能够从道德的角度审视问题，并以道德的方式规范自身行为。第二，环境危机的核心问题在于文化和价值观念的缺失，而非经济和技术方面的挑战。因此，生态伦理学应该以解决人与自然关系问题作为基本出发点。第三，我们应当确保我们的后代在地球上享有与我们同等的权利，同时我们也有责任为他们提供一个适宜生存的自然空间。这一切都说明了人与自然具有同等的伦理地位。第四，人类和非人类实体同样是一个不可分割的整体，彼此相互依存、相互影响。第五，社会的可持续发展需要建立起一种全新的人与自然和谐共处的生态伦理价值观。人类的存续离不开一个稳定的生态系统，更离不开生物多样性的支撑。城市的存在与发展也需要遵循人与自然和谐共生的原则，尊重自然规律和社会规律，实现经济可持续发展。无论城市发展模式如何，在生态伦理价值观的影响下，城市的发展理念必须反思自然的价值、人类在世界中的地位以及人类对自然的权利和义务。

在生态伦理价值观的指导下，城市应该以生态系统和地球的利益为出发点，平衡人类和自然之间的关系，协调经济发展和环境保护之间的矛盾，最大限度地保护自然环境，并尽可能减少城市发展对自然环境的负面影响，减少自然资源的浪费。实现人与自然和谐发展，形成城市发展与生态环境的良性循环，从根本上促进人类社会的可持续发展。

3. 和谐发展价值观

和谐发展价值观是指构成城市发展的多种要素形成的城市发展系统，该系统内部的要素与要素之间以及系统内外之间都要形成一个和谐发展状态。和谐发展价值观蕴含了老子"人法地，地法天，法天道，道法自然"的传统哲学思想。和谐发展价值观的理论内涵被解释为，人类所处的世界是一个有机的整体，其中各种元素之间相互作用形成了一个立体的关系网络，每个元素都是这个网络中至关重要的组成部分，它们相互关联、相互依存。这种整体性和关联性体现在人与自然、人与社会、人自身等方面。

人是城市发展的主体，城市的发展脱离人的存在就丧失了意义；社会是人类赖以存在和发展的载体，人的发展要与社会发展相互和谐；自然是城市发展的物质载体，自然为城市发展提供环境、资源。因此，城市发展必须建立一种整体的观念，整体地分析和处理城市内部各组成要素的关系以及城市与外部区域的关系，形成既有利于人、社会、自然的全面发展，也有利于促进区域相互融合、共同发展的整体战略。和谐发展价值观的结果可以产生整体大于局部之和的价值效应，城市的和谐发展价值观表现为组成城市的各个要素构成一个和谐的整体，这些要素的组合不是各要素的机械组合或简单叠加，而是每个要素都在一定的位置发挥着特定的作用。

城市的和谐发展价值观从城市品牌形象塑造的角度来看具有更加积极的意义，城市品牌形象由显性要素和隐性要素构成，要追求城市品牌形象效益最大化，就要搞好城市品牌形象显性和隐性要素的关系。

城市要坚持人与社会的协调发展，形成积极、健康、良性、可持续的发展态势。城市的发展离不开对自然环境与资源的依赖，从资源环境的承载力角度考虑城市的发展既是城市的责任也是城市的义务。城市发展从根本上就是处理人、社会与自然三者关系的活动过程，三者的互动关系体现了城市责任与义务的关系。因此，城市价值观就是处理好三者关系的根本原则。

（三）城市文化观

城市文化观是指城市逐步形成的对自然、社会与人类本身的基本的、一致的文化观点与信念。拥有不同文化观的城市，对于外部世界、自身以及同外部世界关系的基本理解和看法有所不同，也就形成了各个城市中具有特点的文化活动方式和文化符号。

城市文化是一种独特的、具有空间性和综合性的城市文化形式，它在城市的各个角落都展现着独特的魅力。它不仅体现了一个城市特有的物质形态，也反映着该城市独特的社会结构、经济制度以及人们的思想观念等方面的内容。城市文化是城市历史和现代文明的有机交融，是城市居民生活的印记，是人类智慧和创造力的体现。城市精神是城市发展的动力之源，是人们对自身生存状态的一种主观认识。城市文化的精髓在于城市精神，它是城市文化主流意识的凝聚，是感性与理性相互渗透的结晶。城市精神是由城市物质文化、社会组织结构以及城市居民群体共同构成的一种独特的价值观念体系。城市文化呈现出多元化的特征，而城市精神则扮演着主导的角色；城市精神是相对稳定的，但其变迁过程往往受到多种因素制约。城市文化的多元性源于其自发性的形成，而主导性的城市精神则是在特定城市文化基础上的凝练和提升，通过城市形象的塑造和品牌管理等实体化手段进一步发展，成为城市文化的核心和灵魂。城市文化作为一种软实力已经逐渐被人们接受和认同，它已经成为现代城市文明的重要组成部分，也是促进城市经济社会可持续发展的内在动力。随着城市社会经济的不断演进和全球化进程的不断加深，城市文化的价值已经成为城市发展中不可或缺的竞争要素，城市文化所蕴含的地方文化特质、历史文化传统以及产业文化优势构成了城市发展和参与竞争的重要优势。

城市文化和城市精神是一种辩证的统一体，它们相互渗透，形成了一种独特的文化氛围和精神风貌。城市精神作为一种社会现象具有鲜明的时代性特征和丰富的内涵，一方面，城市文化是城市精神的外在显现，多元化的城市文化可以以多种形式呈现，包括城市的精神、物质和制度等文化内涵；另一方面，城市精神是对城市文化的高度概括，是对城市整体面貌的凝练和提升。从本质上讲，城市文化就是以人为主体而形成的社会生活方式及行为模式。城市文化可以被视为一种抽象的意识形态，如美国纽约代表了冒险主义的城市精神文化；而福建晋江市的"拼搏精神"是城市精神中最为突出的一部分。尽管两座城市的城市文化都蕴含着一种"奋斗"精神，但由于各自的发展理念、经济结构和文化传统的不同，这两座城市所孕育的城市文化呈现出截然不同的面貌。城市的文化不是单一要素或元素所组成的简单集合，而是具有多重意义的复合体。因此，城市文化是一种具体而实际的存在，而城市精神则是一种抽象的存在：城市文化是城市精神的基础，城市精神则是城市文化的高度升华。从这一角度来说，城市文化就是一个由众多元素组成的有机整体。城市文化的核心是由城市所蕴含的精神、物质和制度文化所组成的。

1. 城市的精神文化

精神文化是人类精神、思想、观念、心理活动的反映，是人类文明特有的创造物，是城市文化发展的内在推动力。精神文化是城市文化的核心与灵魂，是物质文化和制度文化形成的原因，精神文化对物质文化、制度文化的形成起着决定作用。

城市要发展就要有"人气"。人气是指一个城市所呈现出的一种具有地域性的群体精神,这种精神不仅体现在表面上,也体现在深层次的城市内在上。精神文化是一个国家或民族文化体系中最具活力、最富有生机与创造力的部分。城市精神外在呈现为一种风貌、氛围和印象,而内在则更多地体现为市民精神和集体精神,这些气质和禀赋是市民群体共同拥有的,反映了他们的价值共识、审美追求和信仰操守。城市精神具有其特定的时代烙印。在漫长的历史进程中精神文化逐渐形成,深深地镌刻着岁月的痕迹,反映着清晰的地域特色,真实地反映着当地的社会发展水平和文明程度。古希腊城邦的经济形态以农业为主,其精神生活也就自然地集中于农业生产之上。雅典城,作为古代城市的代表,虽然规模不大,但其独特的精神内涵却为人类哲学提供了孕育之地。从某种意义上讲,世界经济的发展史就是一部人类文明的发展史。尽管威尼斯和佛罗伦萨等城市在中世纪和近代仅属于中等规模,但它们所孕育的商业和人文精神却具有深远的影响。伦敦是现代资本主义的发源地和资本主义精神文化的诞生地。巴黎具有格调高雅、不同凡俗的城市精神,向人们显示了别具特色的城市精神文化。

2. 城市的物质文化

城市所创造的物质形态及其所呈现的文化内涵是为了满足人类生存和城市发展的需求而形成的物质文化,其构成包括城市所能感知的各种有形物质形态。城市的物质文化是由城市建筑、城市道路、城市通信设施、公共住宅以及垃圾处理设施等多种实体构成的。在现代社会中,城市物质文化已经不再仅仅作为一种单纯的技术层面上的产物而存在,而是与人们的精神追求紧密地联系在一起,并逐渐形成一个有机整体。这些物质文化实体,不仅体现了城市是"人化自然"的行为活动过程,也成为城市文化生动、直观、形象的呈现。城市物质文化直观反映了人类物质生活的文明程度,反映了人与自然的依存关系,反映了科学技术的发展水平。人类对物质文明的追求是城市发展的根本动力。

城市物质文化是城市精神文化的物质载体。在一定程度上反作用于城市的精神文化。城市物质文化是在城市精神的作用下经过长期的城市演进过程形成的。城市精神文化说到底是观念方面的东西,这种观念作用于一定的客体,将其塑造为文化符号,最终形成城市物质文化。

3. 城市的制度文化

制度文化是人类为了自身生存、社会发展而主动创制出来的有组织的规范体系。城市制度文化是一种具有相对稳定性和连续性的非正式约束系统，它对人们的行为有着重要影响，并在一定程度上决定着人的思想与心理状态。城市制度文化是城市制度和规范长期相互作用的产物，是城市文化的中等层次体现。城市制度是指城市中人们在经济生活和政治活动等方面所形成的行为规范及相互制约机制的总和。城市制度的演变是城市文化变革的必然体现。城市的制度文化由城市中各种具体的制度所构成，并随着城市环境的变化而不断演进。城市的制度文化建立在城市物质文化的基础上，其主要目的在于满足城市居民更深层次的需求，即通过规范个人之间、个人与群体之间的关系，从而合理处理人际交往需求。制度是人类行为的规范和准则，是城市物质文化、精神文化对群体或个体行为的共同要求。制度文化使社会生活中的群体或个体的活动有序化，使社会关系结构化，也使城市文化的创造与演变具有方向性，并为物质文化和精神文化的发展提供了保证。城市的制度文化包含了政治制度与经济制度两个重要内容。

城市的政治制度不仅是城市文化性格的体现，更是一个时代、一种社会精神特征的反映。城市民主政治制度的孕育和生长离不开一种参与型的城市政治制度文化，这种文化是理想的土壤。城市的发展是以其政治制度为前提的。城市的文化和城市精神是由其政治制度和文化所塑造的，同时，在特定的历史条件下，城市文化又是推动和影响城市政治制度变革的重要动力之一。随着时间的推移，城市文化的演变不可避免地会随着城市政治制度的演变而改变，这是城市文化不可或缺的组成部分。

城市的精神文化、物质文化和制度文化并非孤立存在，而是相互交织、相互渗透的，它们共同构成了一个有机而完整的整体。其中，城市文化的内部结构对其外部表现有着重要影响，而城市文化各构成部分之间又存在着错综复杂的关系。深入探究城市文化结构在多个层面上的相互作用和内在机制是理解城市文化整体性的重要起点，同时也是解读城市品牌形象的关键所在。在分析城市文化构成因素时必须要把这些因素放在一起加以考察。城市的物质文化是城市发展的基石，是城市文化的外在表现，其中包括房屋、街道、交通、公共建筑等重要的物质文化元素。这些物质文化元素构成了城市的空间环境，影响着人们的行为方式以及心理活动。城市的物质文化和精神文化的繁荣发展，离不开城市制度文化这一重要组成部分的支撑和保障。城市文化的本质在于其所蕴含的精神文化。城市的物质文化与精神文化是一个整体系统,它们之间既有区别又有联系。从感性认知的视角来看,城市文化可以被看作物质文化和精神文化的交融,但更深层次的是一种精神文化的融合;从理性的角度来看,城市文化可以被看作一种制度化的文化,它通过对城市文明的塑造和对城市内外关系的规范,形成了一种制度化的文明。

城市文化已经成为衡量城市综合竞争力的重要指标,随着全球化发展的逐步深入,城市的文化竞争力在国家和城市综合竞争力中的比重日益提高,人文精神对不同国家、不同城市综合竞争力的支撑意义日益凸显。人文精神往往以城市文化精神、时代精神、民族精神等具体形式体现出来,而在以城市为载体的空间范围内,城市文化又集中体现为城市精神,城市精神引领了城市品牌形象建设。

三、城市精神识别的"三核"定位

城市精神识别的"三核"定位是指城市精神识别的定位以城市核心价值观、核心创造力与核心竞争力为基本要素,分别塑造理念型、战略型和文化型城市精神的过程。

(一)理念型城市精神定位

城市核心价值观是指城市在经营发展过程中坚持不懈,努力使全体市民都必须信奉的信条。核心价值观是城市哲学的重要组成部分,它是解决城市在发展中如何处理内外矛盾问题的一系列准则,如城市对市民、对社会的态度与看法,它代表了城市如何生存发展的价值主张。城市的核心价值观是一个城市本质的和持久的价值原则。它既不能被混淆为特定城市文化或经营实务,也不可以向城市的经济收益和短期目标妥协。核心价值观是城市哲学的具体体现,有什么样的核心价值观就会产生什么样的精神理念定位。

理念型城市精神是指那些思想、观念等因素经过长期的渗透、沉淀,蕴含于城市品牌形象之中的主导意识。理念型的城市精神表现为群体的理想、价值、信念、道德标准、发展哲学等内容,它一旦形成就不易受到外界因素的影响而发生改变,具有延续性、稳定性的特点。理念型的城市精神是城市发展的一种逻辑关系,是城市精神的深层结构。

理念型城市精神的塑造过程要寻找城市存在发展的精髓，认清理念型城市精神在城市品牌形象中的关键性作用。理念型城市精神的定位应保持准确性、原创性、新颖性和个性化的统一。

首先，准确性是指理念型城市精神的定位必须因地制宜，要根据城市的资源状况、发展态势"量身定做"符合城市身份的理念定位，不能有偏差。否则，定位不准确，就会导致城市精神与城市发展的现实不符，对城市资源造成浪费，影响城市发展的未来，不利于城市品牌形象的形成。

其次，原创性城市精神理念是城市品牌形象塑造的制胜法宝。对许多中小城市来说，定位一种有别于同类城市的城市精神理念，显得尤为重要。原创性城市精神理念可以形成独特的城市品牌形象。

再次，新颖性是指理念型城市精神定位要有新思路、新突破、新表现，避免一些口号式、空洞而没内涵的城市精神理念。

最后，个性化是指理念型城市精神定位要尽可能与别的城市区别开来，结合城市自身的历史文化、自然资源提出别具一格的城市精神理念。

城市理念在一定时期内必须保持相对的稳定性，但随着经济社会的发展和全球化趋势的加快，城市精神理念应该得到不断丰富与完善。具有积极、健康的城市精神理念在定位策略上应从领先定位、优势定位和聚焦定位三方面展开。

首先，领先定位策略是根据城市自身特点，寻找城市在人文资源、自然资源、产业优势等方面的独特优势，抢先培育出城市精神理念的过程。领先定位策略能够通过第一印象优势占据受众心目中的核心地位。

其次，优势定位策略是指城市精神理念的定位以城市的独特优势资源为内容所采取的定位策略。城市所处的地理区位以及发展过程中所形成的独特历史文化资源和核心产业资源使城市具备独特的资源优势，这些资源将成为城市优势定位的主要内容。

最后，聚焦定位策略是城市精神理念定位以"多中取优"方法形成的定位策略。著名学者特劳特的消费者心智模式的观点提出大脑对信息处理的有限性，这决定了在进行城市精神理念的定位时应有所取舍，避免"贪大求全"，而应"多中求精"，采取聚焦的方法，找准处于优势的方面，塑造独特的城市精神理念。

理念是受众识别城市的重要依据。受众可以通过一个理念型城市精神，识别城市的核心价值观，把握城市的特色和定位。因此，理念型的城市精神可以像灯塔一样，具有导向作用，是城市发展的依据。

（二）战略型城市精神定位

战略型城市精神是根据城市自身发展条件、城市发展性质和城市发展目标，在合理统筹城市各要素的基础上制定出的城市发展的总体性战略，并有计划、有步骤地实现城市长期预定目标的过程。城市战略是城市精神的具象表现形式。城市战略既是政府行为又是社会行为，对城市品牌形象的塑造起着重要的指导性作用。

城市的核心创造力是指产生新思想、发现和创造新事物的能力。它是城市能否成功地完成某种创造性活动所必需的精神品质。城市发展过程也是城市创新的过程，创新是城市发展的不竭动力。城市的核心创造力是城市特有的一种综合性本领，是城市成功完成某种创造性活动必须具备的精神内涵。一个城市能否具有创造力，城市的战略定位起到至关重要的作用。战略型城市精神是城市综合发展能力、发展优势和精神品质的综合性评价。

城市资源具有整体性、结构性和稀缺性特征，并在时间上表现出动态性特点。城市政治、经济、文化等多个领域的协调发展，可以通过有效的资源整合和利用来实现。城市资源与其他自然资源相比具有不可替代性、稀缺性和价值增值性三个特点。城市的战略型精神定位离不开对城市资源的全面管理，其中包括城市资本、基础设施、区位和生态环境等各种物化资源。因此，城市战略型精神塑造应该以城市资源作为出发点与落脚点。作为城市战略发展的重要组成部分，城市资源必须具备以下共性：一是成为城市发展的基石。城市的发展受到自然和人为因素的双重影响，城市所需的物质和客观条件都必须依赖于城市资源的供应。只有当这一物质或经济条件得以充分实现时，才能形成具有可持续发展潜力的城市，也就是城市的战略性资源。二是呈现出多元化的面貌。城市资源是在一定时间、空间内由不同种类、数量或组合形式构成的具有使用价值的各种物质实体。城市的多样性需求是由城市资源所包含的多种要素所满足的。在一定意义上讲，多样性也是一种经济属性。三是直接的效益特性。城市是一种经济活动空间，它所产生的效益不仅取决于物质产品的数量，更重要的还在于其质量。城市的发展受到多种因素的直接影响，这些因素不仅能够直接为城市带来经济和社会效益，而且其影响效果比那些抽象的文化和制度因素更加显著。

城市的未来竞争力将取决于其人力资源的优劣，因为人力条件是城市发展的核心竞争力。由于城市人力条件构成的复杂性，作为城市战略储备的人力资源需要具备三个共同点：一是主观能动性。由于城市各个群体素质的高低存在很大差异，同时各群体素质也存在很大的波动性，这就构成人力条件主观能动性的特点。二是间接效益性。由于人力资源在一定程度上可以创造出财富和利润，因而成为城市获得利益的源泉。城市的收益并不能直接依赖于人力资源本身的素质，因此，只有将人力资源与物化资源相结合，才能实现效益的最大化。三是抽象性。在人力资源中最重要的就是人的基本素质，因为它决定了一个地区和企业的发展方向与水平。由于人类的综合素质是由各种技能构成的，而非具体的有形实体，因此，人力条件的要素也是一种抽象的概念。

城市内部构成的有机整体中蕴含着组织条件的存在。城市的组织制度是一种宝贵的软性资源，它是推动战略型城市精神不断发展的不竭动力。城市文化则为城市组织条件提供了无形支持和保障。城市发展战略的组织条件因素应当具备以下三个方面的共性：一是必须考虑整体性。城市的发展离不开多种要素的支持。相较于资源条件和人力条件，组织条件更注重各种因素的综合作用，而非单一因素的独立影响。因此，城市发展战略需要从不同角度进行分析并加以综合考虑，才能保证其有效性。二是其稳定性和持久性均得到保障。组织力要素往往会随时间变化而不断调整其状态，从而保证能够长期持续发挥应有的作用。城市发展进程中，组织力因素往往是由文化力、创新力等长期积累而成的，这些因素在短期内不会发生变化，但对城市的影响却是持久而稳定的。因此，可以说，组织条件影响了一个城市的未来命运。三是间接性。组织条件对城市战略形成的促进作用并不是直接体现出来的，而是通过间接的"蝴蝶效应"来起作用。

随着全球化、信息化的高速发展，城市之间形成了密不可分的相互关系，导致了战略型城市精神塑造过程中"相互模仿、互相跟风"的突出问题。虽然相互学习、互相提高是城市品牌形象塑造的有效方法，但是，国内许多城市在城市战略设定方面忽视了城市精神的重要性，对同级别、同类型城市的战略简单模仿、生搬硬套，容易造成内外关系脱节，形成同质化、表面化的战略型城市精神。战略型城市精神的培育应从以下三方面开展：

一是通过本土性的方法定位战略型城市精神。本土性的定位方法就是要从城市发展的实态切入，从城市的精神理念、价值观和文化特质上寻找制定城市发展战略的突破口，使城市发展在城市精神的滋养下成长。

二是运用长远性的方法塑造战略型城市精神。战略是为了达到一定目标而作出的总体谋划，是全局性、长远性、根本性的重大决策；而战术是为达到战略目标而采取的具体行动，是为实现战略任务而采取的局部性、暂时性手段。先有战略，后有战术，战术必须服从和服务于战略。战略高于战术并驾驭和指导战术的实施。因此战略型城市精神塑造要将目光放长远。

三是注重以协调性的策略培育战略型城市精神。城市精神从识别的角度来看包含了精神理念、价值观和文化特质等诸多要素，战略型城市精神的培育要协调城市资源、人力和组织各方面的关系，以此形成独特的战略型城市精神。

战略型城市精神最典型的代表就是南京。南京作为中国的古都之一，成为一个典型的政治都会和消费型城市。近年来，南京提出了代表城市性格的"博爱之都"战略目标。博爱反映了南京人朴实、包容、豁达的市民品质，表现了他们为人处世中互助互爱的品格。

（三）文化型城市精神定位

核心竞争力是使一个城市能够获得长期竞争优势的能力，是城市所特有的、能够经得起时间考验并且竞争对手难以模仿的能力。城市的核心竞争力就是城市的文化。城市文化是城市精神的重要组成部分，是能够激发人们思想感情活动的意识形态。城市文化是城市内部和外部受众对于城市内在实力、外在活力和发展前景的具体感知、总体看法和综合评价。城市的核心竞争力不仅涵盖城市的物质文化、制度文化、精神文化三个层面，也包括城市的历史文化、地域文化和产业文化等具体方面。

文化型城市精神是指城市借助其独特的文化资源，通过塑造城市精神的过程，塑造出一种具有文化内涵的城市风貌。它主要包括城市文化和城市精神两个方面。城市文化是城市历史和现代文明的有机交融，是城市居民生活的印记，是人类智慧和创造力的体现。城市文化对城市形象具有重要意义。城市文化呈现出一种多元的文化形态，其中包括历史、地域和产业等多种文化元素。城市的每一种文化形态都具有其自身独特的内涵和价值取向，它们之间相互关联而又有区别。在塑造城市精神的过程中，不同的文化形态相互交织、相互渗透，共同塑造了一种独具特色的城市文化精神。城市文化对城市形象具有潜移默化的作用和影响。城市的文化是一种无形的资本，它具有独特性、不可模仿性和无形性，是城市发展的重要支撑。

城市历史文化是城市发展过程中沉淀下来的独特文化内容。城市是一个集合体，城市中的构成元素在城市的发展过程中都能形成一段属于自己的独特历史。中国作为四大文明古国，深厚的历史文化造就了许多历史文化名城。截至2008年，经国务院颁布的历史文化名城数量达到112个，这些历史文化名城是祖先留给我们的宝贵财富，成为城市竞争的文化资本。在塑造文化型城市精神的过程中要深入探究城市的演变过程，挖掘城市独特的人文内涵，这样使历史文化焕发生机。西安虽然缺乏沿海的区位优势，但是作为中华文化的源头之一，是中华文化的典型代表，也是中国建都朝代最多、建都时间最长的城市。西安在城市精神塑造上就紧紧把握住了历史文化这一主线，深刻领悟文化自觉、文化自信、文化自主的文化型城市精神塑造的内涵，形成了"世界城市，文化之都"的发展思路。这一思路包含了"西安在全球城市体系中的地位和作用，西安发展一定要突出自己的文化和优势"双层内涵。相信不久的将来西安将会成为中国西部的第一个国际化大都市。

地域文化指的是城市在特定的地域环境中，经过长期的发展所形成的以社会习俗、生产生活方式、地理特色等为典型特征的文化形态。地域文化是特定区域的人民在特定历史阶段创造的、独具特色的、具有鲜明地域特征的文化传统。城市是社会发展到一定阶段的产物。城市的发展在某种程度上反映了该地域的文化特征。城市品牌的塑造只有融合地域文化才能形成独具特色的品牌形象。苏州作为长三角地区的著名城市，蕴藏着以吴文化为地域特征的深厚文化内涵。随着国际化的深入发展，苏州逐渐成为世界关注的焦点。"崇文、融合、创新、致远"的吴文化支撑苏州城市健康的发展，成为苏州城市发展的核心竞争力。民族文化也是地域文化的重要组成部分，是民族在特定地域的生活行为方式的集中体现。

中国是一个多民族聚集的国家，城市在发展过程中会受到民族文化的影响。位于云南省的丽江市是纳西族文化的聚集地，在城市品牌形象塑造方面，丽江市通过对区域内的民族文化进行整合，形成了富有西南民族文化特色的城市品牌形象。

产业文化是指以某一主导性产业作为城市文化的典型符号，形成具有产业影响力和辐射力的产业资源。产业文化经过长期的积淀可以塑造为独特的城市品牌形象。文化在经济发展中越来越成为一个关键性的因素，社会越发展，经济越发达，文化的作用就越突出。美国的圣何塞市由于所处的地理位置并不被人们熟悉，但是位于区域内的 IT 产业却成为城市发展的主导性产业，形成了举世闻名的"硅谷"。还有中国西昌的航天产业、长春的汽车产业、美国洛杉矶好莱坞的影视动漫产业、西雅图的飞机制造产业。由此可见，依靠产业文化形成城市定位在国内外城市发展中起着积极的作用，文化型城市精神传承了城市的优秀遗传基因，是城市的气质与活力。文化型城市精神的定位策略主要包括城市文化的传承、提升和创新。

其一，城市文化的传承。在城市的发展中既要承认历史、尊重文化，又要续写历史、传承文化。城市的历史文化是城市精神塑造的历史遗迹，能否保留、保护、利用这些历史的痕迹是城市核心竞争力的重要体现，也是城市精神的文化底蕴所在。1998 年 4 月，在"国家大剧院"设计方案国际招标活动前，有关部门对设计方案提出的要求是："一看就是中国的，一看就是北京的。"这一要求反映了人们在考虑城市建设时对城市传统文化遗产的关照，新文化对旧文化传承的重视。城市的每个建筑遗存都记录着独特的城市文化，建筑是城市历史与精神的载体。

其二，城市文化的提升。提升城市文化必须以塑造城市形象为核心，而城市形象的构建是一项长期的系统工程。提升城市文化的目标在于塑造一种易于识别、广受认可的文化形象，以促进城市文化的可持续发展。一座城市的文化精髓只有在其独特的人文环境和深厚的文化积淀中才能得到发掘和提炼。

城市文化建设是一个融合多元文化、不断发展的动态进程，因此，城市文化的提升不仅需要遵循整体性和辨识性原则，同时也需要妥善处理本土文化与外来文化、自然环境与城市发展之间的关系。提升城市文化，应当立足本土文化，辩证地吸收外来文化，使城市文化具备优秀的人文品质、独特的民族内涵、鲜明的时代特征。

其三，城市文化的创新。创新是推动人类文明进步的重要因素之一。一个民族的精神灵魂在于创新，因此城市文化建设必须以创新为基础，以建立协调发展的城市文化为目标，只有不断地进行文化创新，才能使之具有生命力。城市文化在相互交流的过程中不断传承与发展，同时也蕴含着对城市文化创新的深刻思考。只有不断地进行城市文化创新，才能促进城市经济和社会全面可持续发展。城市文化的创新是推动城市发展的重要动力。城市文化创新具有开放性、多样性、差异性等特点。城市文化的创新是社会实践发展的必然趋势，也是推动城市文化内在发展的动力源泉。不同民族、地域、城市之间的文化交流、借鉴与融合，是城市文化创新必然要经历的过程。实现城市文化创新，需要博采众长，要以我为主、为我所用。

第三节　城市品牌形象的行为识别系统

城市形象是客观存在并可被感知的。形象可以分为动态形象和静态形象，城市行为属于动态形象的范畴，在被感知的过程中，作为客观存在的城市行为成为不可替代的识别对象。

一、城市品牌形象行为识别概述

（一）行为识别的本质

城市行为识别的本质是指在城市理念和精神的限制下，个体或群体所展现出的根本属性。从文化心理学角度讲，人的社会生活中存在着一种独特的"心理距离"，即人们对事物认知上的差异导致了他们不同的行为能力。城市行为的差异化和个性化特征使其具备了识别和记忆的独特能力。通过不同类型城市行为主体间的相互比较分析可以发现其差异性，并进而确定其身份定位。城市的内外活动和行为在城市行为识别中得到了高度精练，从而形成了一套完整、统一的城市行为识别模式。城市精神作为一种文化现象，其核心是城市主体对自己所处的社会历史阶段以及自身发展条件的认识。"塑造城市形象，就是创造城市的个性差异，创造人们对城市的整体识别性。"[①] 城市行为识别与城市精神识别、视觉识别、空间环境识别形成有机整体。因此，可识别城市行为应该具有差异性、整体性的识别本质。

1. 差异性

各城市应当根据其独特的地域文化、经济实力、产业特征、市场特色和城市发展策略等因素，制定出与其他城市不同的行为模式和策略，以满足其独特的城市需求。城市行为识别系统是一个复杂系统，它具有层次性和动态性特点，因此对城市行为识别系统进行规划设计时，应遵循一定的原则，这样才能展现出城市独特的风格和吸引力。

---

① 赵琛. 品牌学 [M]. 长沙：湖南美术出版社，2003.

城市的独特之处在于其所呈现的独特风格，这种风格也是城市个性的体现。一个国家或地区的城市化进程与这个国家或地区的自然条件、社会经济状况以及人文因素有关。城市的独特之处在于其历史文化、传统特色、地域特征以及整体功能和地位的综合作用。城市的生成有两种不同的渊源：一种是在漫长的历史进程中逐步演化而来的，体现出一定区域或地区的特点和风格；另一种则是根据特定需求进行规划和构建的。个性化是城市行为识别的关键，唯有独具特色的事物才能焕发生命力，才能赋予其存在的意义。

城市行为识别系统的差异性体现在两个方面：首先，城市的独特之处在于其形象的本质特征，这是城市自身多种特征的集中和突显，与其他城市有着显著的区别。因此，城市形象设计必须从其本身所蕴含的深层次特性入手。每座城市都有着独特的历史文化底蕴和自然、物质条件的差异，这为打造个性化的形象奠定了坚实的基础。同时，由于社会经济环境、政治因素、文化背景等各方面原因，每个城市之间也都存在着一定差异，这些差异是构成城市个性与特色的重要内容之一。其次，城市行为识别的创新设计体现了差异性的另一个方面，它通过建立高效的城市管理运营机制、完善且职责明确的管理机制和实施机制，确保城市形象行为的连续性、一贯性和持久性。城市的独特行为形象会在社会公众中留下深刻而持久的印象，然而，缺乏创新的形象塑造手段和简单的模仿却会极大地阻碍城市整体形象的发展。

2. 整体性

城市行为识别必须与城市精神识别、视觉识别、空间环境识别等要素相互协调、相互促进，以形成一个有机的整体，进而形成一个完整的社会系统，其中包括城市感知和记忆的综合印象。从系统论角度研究城市行为识别是一个全新视角。由于城市行为识别属于系统性的范畴，因此其必须具备整体性，以确保其有效性和可持续性。城市文化是一种复杂现象，其内部各因素之间存在一定的相互关系和作用，构成了一个多层次、多结构的动态网络系统，因此其必然具有整体性。城市行为识别的整体性具有双重内涵：一方面，各子系统在纵向上相互交织、相互依存、相互协调；另一方面，各个部分之间也存在相互制约、相互影响的内在机制。理念识别是行为识别、视觉识别和空间环境识别的基石，只有以理念识别为核心，才能展现其内在的精神实质。对于理念识别而言，行为识别和视觉识别的相互作用产生了巨大的反向影响，因此我们必须高度重视这四个方面之间的整体关系。每一个具体系统都具有自身独特的属性特征。在各个子系统内部，各要素之间的横向协调和和谐统一构成了一个完整的系统。

在城市行为中，整体性是一项至关重要的属性。如果我们能够采用规范化的行为模式，以整体的方式传达城市信息，使大众在一致的信息刺激下形成一致的印象，那么就能够有效地提高信息的可信度，从而扩大城市品牌的影响力。城市行为与城市形象密切相关，但二者又存在着一定差异。城市行为的本质在于建立一套统一的识别机制，以取代或改变城市信息传递中存在的不规范、不协调，甚至冲突的现象，从而实现理念、行为和视觉上的高度一致。

（二）行为识别的生成机制

城市行为识别系统的终极目标在于塑造一种独特而必然的城市行为模式，以建立一种无法取代的城市品牌形象。城市行为学和城市形象塑造理论为构建城市行为识别体系提供了理论依据和方法论指导。城市行为识别的生成机制源于城市行为识别的生成和演化过程中所遵循的规律。在人类社会历史演进中，城市文化不断演化和分化为不同类型的群体，而每一种群体又都有其特定的身份标识，从而产生了相应的城市行为特征。城市行为的塑造过程需要将精神元素以功能解构的方式转化为物质元素，并通过这些物质元素的结构重构，形成城市行为的识别要素，最终通过形象整合的方式塑造城市品牌形象。

1. 功能解构——精神元素

功能解构是指对城市精神所形成的物质要素按照功能需求拆分、打散，使其成为可以任意组合的单元。

城市的各个细胞都会受到精神元素的影响和制约，这些元素在提高城市文化品位、促进经贸发展、增强城市的向心力和凝聚力方面发挥着作用，就像城市的中枢神经一样。在全球化时代，随着市场经济的深入发展和城市化进程加快，城市经济与社会生活发生了深刻变化，这些都为城市精神注入了新内容。城市的精神内核，是塑造城市形象的内在元素，是城市竞争力的核心所在，是推动城市发展的不竭动力，也是城市精神的源泉。城市的建设需要思想和文化意识的引领，而城市精神则扮演着统率城市建设的重要角色。城市精神是在长期历史过程中形成的一种稳定而持久的社会意识形态，是一定时期内人们共同认可的价值观念。城市的精神理念、价值观、伦理道德水平以及规划等方面，都是构成城市发展的重要元素。城市精神体现了一个城市特有的历史底蕴，反映出这个城市所蕴含的独特个性与风格，也是人们在社会实践中形成的群体心理及精神风貌。城市精神是凝聚民族精神和国家精神不可或缺的元素。在中国社会主义现代化建设过程中，城市精神是一种特殊的社会群体心理状态。城市的行为形象所包含的精神内核即为城市的精神实质。良好的城市精神理念能够激发人们积极向上的斗志，增强人与环境之间的亲和力，提高市民整体素质，促进精神文明建设。正确而独特的城市理念，不仅能够在城市内外产生巨大的凝聚力和吸引力，还能够塑造城市行为的价值取向，引导公众共同实现社会经济发展目标。因此，城市文化建设必须重视塑造良好的城市精神形象。在塑造城市品牌形象的过程中，城市精神决定了城市文化形象的层次、格调和风格。

2. 结构重组——物质元素

结构重组是将原有的城市精神形成的物质单元按照一定的功能或逻辑组织方式，组合形成适合城市形象塑造的城市行为识别要素。城市的行为方式是由其所承载的精神文化和物质文化的多样性所决定的，这种多样性源于城市所承载的文化特征。作为人类活动最基本的表现形式之一，城市不仅具有丰富多样的内涵，还具有强大的生命力。尽管城市主体对城市的感知因历史环境、地理区域和文化氛围的不同而千差万别，然而城市的厚重、现代、凝重和深邃，使其成为地球上颇具吸引力的居住、人文和社会空间。

城市行为的结构重组是指对城市可感知的物质行为要素进行重新组合，以视觉识别的方式构建城市行为识别系统。城市行为主体在空间上存在着不同程度的分离现象，导致了城市行为形态呈现"碎片化"特征。城市行为识别系统和城市视觉之间的相互作用，构成了一种结构重组的识别方式，二者相互依存、相互呼应，共同构成了城市发展的重要组成部分。通过视觉识别系统，将抽象的城市精神、城市文化等概念转化为具体的符号，从而实现对城市文化的深入理解和认知。城市行为主体可以借助视觉识别系统对其进行表达。城市的静态识别符号，即城市视觉识别系统，不仅是城市形象设计的外在硬件部分，更是城市形象设计最外显、最直观的表现，它源自城市，同时也对城市产生作用，而城市行为识别系统则是城市动态的识别符号。城市视觉识别系统对城市的形象塑造起到举足轻重的作用，其本身就是一种重要的公共艺术形式。

3. 形象整合——识别元素

城市形象整合的核心在于识别城市行为中各个要素之间的相互融合，从而达到更高层次的整合和协调。从本质上来说，一个城市形象就是一种社会组织形态或文化现象。城市所具备的功能之一即为汇聚人群。聚集功能使城市成为一个有机整体。城市的聚合效应主要源于其规模效应、市场效应、信息效应和人才效应，这些因素共同塑造了城市的聚合能力。

城市品牌形象的塑造是一个错综复杂、系统性强、持续不断的过程，需要整合城市各个方面的能力和资源，其演进是一个不断变化的动态过程，必须随着历史和经济的演进而作出相应的调整。在这一动态变化中，各构成要素会根据自身所处的环境及条件不断调整自己的组合方式，以适应新形势来满足消费者需求，并最终使之与竞争对手产生明显的差异。随着时间的推移，那些能够发挥核心力量的构成要素也可能会经历相应的演变。因此，在当前的时代条件下，如何正确地认识城市品牌形象构成要素之间的关系并加以整合就显得尤为重要。无论城市品牌发展到何种阶段，都必须深刻理解城市品牌构成要素之间的相互关系，并进行有效而合理的整合，以形成城市独特的资产，从而充分发挥城市特有的竞争优势，推动城市的发展。

城市行为是在确立城市理念的基础上形成的，旨在规范城市各种行为活动，促进各利益主体之间有效沟通和互动的一系列行为模式。城市行为学理论与方法研究的目的就在于对城市进行科学有效地管理，使其能够按照自身的发展规律不断自我完善。城市行为识别系统的核心价值在于塑造城市独特的品牌形象，使其与其他城市区别开来，从而彰显其独特性。只有被公众认同的、积极的行为方式才能被建构为城市行为识别，从而形成城市品牌形象。

城市行为识别的生成机制经由如下两个过程：首先，城市的精神理念可以按照功能解构的方式，物化为可识别的城市行为物质要素；其次，行为识别的物质要素通过结构重组的方式形成了形象识别要素，形象要素既是城市动态识别的媒介，也构成了城市行为动态识别的特征。

二、城市品牌形象行为识别系统的结构

（一）政府行为识别

政府的机构设置、政策制定和行政管理过程中所展现的效能，以及管理者外在的群体行为形象被认知的过程，被称为政府行为识别。它既包括政府自身所表现出来的行为能力和水平，也包含着对这些行为能力和水平的认识程度。一座城市的政府行为是其非常具有代表性的行为之一，它体现了城市的凝聚力和向心力，是城市发展的重要体现。

城市是一个地域空间上具有一定规模和功能特征的实体组织形式，即人们所说的"都市"。在城市化进程中，政府对城市进行的规划、建设、管理等一系列活动都离不开城市这一基础条件。城市的经济和社会事业的发展，离不开政府这一组织者和管理者的引领。城市的形象就是政府在城市建设中所表现出来的各种特征的综合反映。作为城市形象管理的主体和城市形象的重要载体，政府在塑造城市形象方面扮演着至关重要的角色。例如，位于瑞士的日内瓦以区域内聚集的包括联合国欧洲总部、世界卫生组织、国际劳工组织、联合国难民署、联合国人权事务高级专员、世界知识产权组织和世界贸易组织等近200个国际的政治机构，吸引了世界人民的眼球，塑造了优秀的城市品牌形象，被形象地赞誉为"国际会议之都"。

政府行为规范化运作的重要性表现在两个方面。一方面，政府行为必须具备典型性。在城市形象建设中，政府扮演着主导角色，其对城市规划和发展方向的决策作用决定了政府行为的核心地位。城市是由人组成的有机整体，每个人都有其独特的个性和特点，因而也就必然存在着自己特殊的利益诉求与行为方式。城市行为的典型特征在其决策的执行能力和行为规范的约束力，它们共同构成了城市行为的显著特征。政府行为的规范性则体现为政策执行中的透明度和公众参与程度。另一方面，政府所采取的行动具有明确的指导意义。政府的职能是管理国家事务和社会公共事务，关系到城市的发展和公民的生活。政府通过各种规章制度指导城市的发展，通过各种利益驱动引导公民行为，通过各种行为活动塑造城市行为形象。因此，城市的可持续发展需要政府确立明确的发展目标，并制定科学、合理、规范的政策来引导城市行为，以确保城市形象沿着健康、可持续的轨道发展。

(二)企业行为识别

1. 企业行为的内在识别

企业行为的内在识别是指企业的行为主体为实现企业内部的和谐发展而作用于企业内部行为客体的一系列行为活动,这些行为活动被认知的过程即为企业行为的内在识别。

(1)员工行为

员工行为是指在企业理念的规范下企业员工行为方式的外在表现。员工行为是企业个体行为的重要组成部分,包含员工的道德、工作、形象、语言、社交等行为方式和行为规范。员工行为在一定程度上反映了企业的整体行为方式,体现了企业的发展理念。

(2)经营管理行为

企业的经营管理行为是指企业为达到一定的经济目标,在企业理念和企业精神的支配下所采取的一系列规划、决策和管理行为的总称。经营和管理相互促进、互为制约,经营是获取资源并形成影响的手段,管理是协调资源的方法;良好的管理可以聚集资源、促进经营,良好的经营可以优化管理、促进管理,因此经营管理是一个整体行为活动。对于企业而言,经营管理行为有利于企业的管理及综合发展,同时还有利于企业形象的传播。企业良好的经营管理行为在一定程度上代表和反映了城市行为方式,是城市品牌形象的有机组成部分。

2. 企业行为的外在识别

企业行为的外在识别是指企业的行为主体通过策划、宣传企业形象,提升企业知名度,建立企业与公众良好关系的一系列行为的总和。企业行为的外在识别包括企业营销行为和企业文化推广行为两个方面。

(1)企业营销行为

企业的营销行为可以理解为,通过恰当的销售渠道、有效的广告营销策略、合理的销售策略以及完善的消费服务,将产品或服务传递给广大消费者,从而建立企业形象的一种行为活动。在现代社会中,人们生活水平不断提高,对商品的要求越来越高,这为企业提供了更广阔的市场空间。销售是企业发展的关键,因此,营销推介是企业所有活动的核心,也是企业向社会大众传递信息的主要途径。

营销推介不仅可以为企业带来经济效益和树立企业形象，同时还能促进城市品牌形象的传播。

作为城市品牌形象塑造的重要参与者之一，企业在城市品牌形象建构中扮演着重要的角色，其营销行为对城市品牌形象的塑造具有重要的影响。企业营销行为对城市品牌形象具有"双向效应"。一方面，良好的产品或服务带给企业的是高附加值的回报和积极的口碑，能够给产地城市形成免费的城市品牌形象推广和广泛的知名度；另一方面，随着城市知名度的显著提升，城市的招商引资、商贸往来和旅游发展等方面有了新的机遇，使企业营销行为和城市品牌形象之间的关系更加密切。因此，城市品牌形象建设不仅有利于提高企业自身形象和市场竞争力，还对区域经济的发展有着巨大推动作用。反之，如果城市中的某些企业无视城市品牌形象的利益，生产的产品质量低劣，售后服务不到位，就将对产品或服务在消费者心目中的形象造成损害，同时也会对产地城市产生负面影响。可见，在一个城市的发展过程中，企业的营销活动也起到至关重要的作用。

（2）企业文化推广行为

推广企业文化的行为活动，旨在将企业的核心价值观、经营哲学、道德准则、使命担当以及处世方式等文化内涵进行广泛传播和推广。企业文化是企业在生产经营管理实践过程中逐步形成并经全体员工认同接受的群体意识和行为准则。企业文化是企业在漫长的发展历程中积淀而成的物质和精神文化的综合体，它是企业为解决生存和发展问题而形成的基本信念和认知，被组织成员广泛认可并共享。企业文化在现代社会经济生活中起着越来越重要的作用。企业文化具有引领方向、规范行为、激发动力、凝聚人心和辐射影响的功能。企业文化在提升企业形象方面有着不可替代的作用。企业文化是企业发展壮大的原动力，是企业融入城市发展的精神支柱。正确处理企业行为对城市品牌形象的塑造作用是至关重要的。

（三）城市活动识别

1. 城市节日

城市节日是指城市为了满足生产和生活的需求而共同创造的一种具有浓郁民俗特色的文化现象，是城市文化中不可或缺的重要组成部分。它既具有物质层面上的民俗性特点，又有精神方面的现代性特征。在现代城市中，城市节日已不再局限于单一的娱乐功能,而是逐渐形成一个具有一定规模的综合文化空间。城市节日作为人类社会生活的核心,承载着城市物质文明和精神文明的精髓,同时也是城市行为的重要标志。城市节日不仅具有经济功能、政治功能和教育功能,还具有精神层面的凝聚功能及审美价值。公共节日和特色节日是城市节日的两种主要形式,它们在不同的文化背景下呈现出不同的文化内涵和社会价值。

(1)公共节日

公共节日是一种为历史、现代、具有地域或城市特色的社会群体所共同拥有的庆祝活动。公共节日是城市文化的重要体现,不同国家和城市都有其独特的习俗特点,因此城市可以通过公共节日来推广品牌形象。

市民在组织和参与公共节日时,其审美意识和道德伦理在行为过程中得到了高度的凝聚和体现,从而形成了公共节日的独特识别性。因此,对公共节日文化的研究需要从社会历史层面开展。传统公共节日强调"和为贵"的理念。公共节日所倡导的道德伦理观在维护和加强人际关系和谐方面发挥了至关重要的作用;在社会生活方面,公共节日提倡人们团结互助,互帮互助。例如,春节的贴福字、挂对联,清明节的踏青扫墓,端午节的龙舟竞渡,重阳节的登高等行为,既彰显了市民情感的需求,同时也起到了一定的行为规范作用,激发了市民对文化的强烈认同感。此外,公共节日还能为市民提供娱乐休闲场所,丰富市民精神生活。有些城市借助某些公共节日的起源地优势,深挖节日文化内涵,以公共节日为媒介,彰显城市品牌形象,提升市民对城市文化的认同感。

(2)特色节日

城市的特色节日是指除公共法定节日以外,城市中独一无二的节日,这些节日具有独特的象征意义,同时也是城市品牌形象塑造的重要载体,为城市品牌形象的塑造提供服务。特色节日呈现出明显的辨识度和明确的目标导向。

在城市不断演进的进程中,一些彰显城市独特个性的节庆活动得以延续和创造。这些节日既是城市形象的一个重要组成部分,也成为城市经济活动不可缺少的一部分,一些具有地方传统特征的城市节日受到人们青睐。这些城市的特色节日,如啤酒节、风筝节、火腿节、服装节、观鹤节等,通过多种手段凸显和加强了城市行为的识别和呈现。这些城市通过举办特色节日活动使城市的整体形象得到了提升。城市的独特行为在特色节日中得到了充分展现,这不仅让市民对城市的价值理念产生了认同，更让他们对城市产生了强烈的认同感。

2. 城市经济活动

城市经济活动是指在城市范围内，城市个体或群体为满足某种需要，通过各种行为活动和行为方式取得或利用生产资料的过程。城市的经济活动具有显著的经济目的和功利性，已经成为提升城市品牌知名度、塑造城市形象的有力手段。城市是所有经济活动的载体，城市的经济活动按照目的可以分为政策导向的经济活动和企业属性的经济活动。

（1）政策导向的经济活动

政策导向的经济活动是指政府运用行政资源引导和支持的具有经济属性的活动，以促进经济发展为目的。它既包括政府对某一行业或企业的管理行为，也包括为满足人们某种需要而采取的一系列社会行动。政府的权威性源于其决策和实施的有效性。在市场经济条件下，城市文化发展水平直接影响到城市居民的生活质量和精神层次。通过政策引导等行政手段，政府可以推动城市特定活动的健康稳步发展，同时借助舆论手段提升市民素质，有效提升城市文化价值，进而带动城市价值的全面提升。

（2）企业属性的经济活动

企业属性的经济活动在某种程度上代表着一个国家或地区的整体形象与价值取向。企业所倡导或独有的经济活动，具有一定的企业特征，这些活动被称为企业属性的经济活动。因此，研究城市品牌建设中企业属性的经济行为有着很强的现实意义。作为城市经济发展的重要组成部分，企业在城市行为识别系统中扮演着不可或缺的角色，是构成要素之一。企业属性的经济活动涵盖了企业周年庆典、规模扩大等多个方面，通过精心策划的庆典活动，向社会宣传企业的发展理念和文化，从而提升企业品牌效应，推动整个城市品牌形象的传播和发展。在城市经济活动中，企业通过招商、周年庆典、公关、销售和商品展示等活动，激发了自身的主体性和创造性，构建了具有经济属性的群体活动，使得公众成为城市经济活动的积极参与者，能够在经济互动的同时形成独特的城市行为。

3. 城市公益活动

城市公益活动是一项旨在为社会创造公共利益的组织或个人所从事的活动。城市公益事业包括公共文化事业、公益教育等方面的内容。城市公益活动不仅是城市精神与伦理道德观的有形传播,更是推动社会良好风尚的形成和规范公民行为的重要举措。

(1)社会公益活动

社会公益活动在城市动态行为识别中扮演着不可或缺的角色,是城市公益活动的重要组成部分之一。城市公民共同参与公益活动,在体验个人价值的同时形成城市的凝聚力,培养了城市公民的社会意识,潜在地体现了城市的精神、文化以及价值观等形象识别因素。

(2)主题性公益活动

主题性公益活动与一般性公益活动有很大差别。主题性公益活动在于其具备明确的目标和特征,以达到特定的目的为导向。主题性公益活动的受众并不固定,包括政府、企业或其他社会组织,但其目标受众具有高度的个性化和针对性。因此,主题性公益活动往往能获得广泛而持久的传播效果,对城市的品牌塑造产生着巨大影响。一般性公益活动是以赞助、捐赠等公益形式为手段,塑造城市在公众心目中的良好形象,并呈现出明显的市场营销特征。例如,以2008年奥运为主题的城市公益活动,在奥运的公益推广活动中打造出了良好的北京城市品牌形象。

城市行为识别系统是由政府行为、企业行为、公民行为以及城市活动这四个方面共同构成的。其中,政府行为是基础,企业行为是手段,公民行为是目的,城市活动是形式。城市的整体行为由政府行为构成,而政府行为的理想化方式则包括规范化的政策法规和时效性的行为活动,这些行为有助于推动城市的物质文明和精神文明建设。公民行为则是城市居民群体之间相互关系的一种表现。公民以地域行为和语言行为文化形成独特的城市行为文化。

三、城市品牌形象行为识别系统建设

城市行为识别系统实质上是由城市个体和群体所塑造的社会行为规范系统,因此,其建构必须符合大多数人的利益和需求,能够成为社会城市群体所共有的价值观和行为模式。随着经济全球化进程不断加快,各国都在努力提升自己国家或地区的文化软实力,而城市形象作为一种无形财富已受到了广泛重视。城市行为识别系统建设以形成城市高尚的行为方式和行为活动为目标。

随着城市化进程的加快,城市建设者已经清醒地认识到城市行为建构过程中

存在着许多问题，如形象定位不明确、行为规范的传播受到限制、舆论氛围薄弱、行为约束机制不健全、约束机制不集中。城市行为识别系统的建设要认清目前城市行为面临的问题，做到有的放矢，建设合理的独具特色的城市行为识别模式。城市行为系统建设应从根本上解决城市行为定位的问题，形成有效的品牌形象传播效果；加强机构建设，完善管理机制；通过树立舆论导向，形成有效的舆论氛围，便于宣传规范行为约束体制。

（一）明确形象定位，增强传播效能

行为是塑造和传播形象的媒介，而形象的塑造和传播则需要对行为进行有效的管理和控制。城市行为学是一门研究城市中人与环境相互关系的科学。它关注城市中的各种社会现象，如人口、交通、消费、休闲、安全等，以及它们与城市组织机构和运行过程的关系。城市行为学的核心在于认识、分析、诊断、优化"人"与"地"的互动关系，最终促进个体可持续的生活方式及城市社会可持续的发展路径，实现"人""地"协调。城市个体或群体的行为规范，是对其管理制度、行为方式、生活方式和运行机制的一系列规范和约束。城市作为一个整体系统，其内部各子系统之间相互关联、相互作用。城市行为识别系统的构成要素包括政府行为、企业行为、公民行为以及城市活动，这些元素共同构成了城市行为的本质特征。城市作为一个整体，它所包含的各个组成部分都有其各自独特的行为规范。在城市这个特定空间里，人们的生活环境也被规范着，形成一个整体的秩序结构。城市行为识别系统要以公众为导向来构建其整体结构，使之符合现代生活的要求，从而提高城市形象。城市行为识别系统的传播离不开行为活动和形象传播的有机结合，二者相辅相成，共同构成了城市行为识别系统。城市行为识别体系中包含着城市行为的分类研究，并将各类行为作为不同层次来加以区分，使之具有相对独立性和统一性。在城市活动的推进过程中，需要政府、企业和公民三个主体之间的协同配合，以确保在处理这些主体关系时，既能明确主次，又能兼顾它们的行为特征。因此城市行为识别需要通过多种传播方式进行有效整合，以达到良好的传播效果。

城市行为识别系统的构建集科学性、规范性于一体。因此，我们要认清城市品牌形象定位内容，适时更新观念，在城市精神理念指导下，强化传播效果。具体应把握以下原则：

第一,个性展示原则。城市行为形象的定位必须以特定城市为基础,因此城市的各种行为设计必须反映出该城市的可识别性和易记忆性特征。

第二,要素协调原则。城市行为的识别是由多个要素相互融合而成的,因此城市行为主体必须全面考虑这些要素之间的有机联系,以形成一个不可分割的城市行为识别系统,从而促进城市行为的传播。为了达到城市行为形象深入人心的效果,我们需要充分利用并整合营销传播策略,包括但不限于活动、广告、公关、直销等多种传播方式,以增强沟通效果。

第三,公众参与原则。城市行为反映的是社会绝大多数成员的共同意志并满足公众普遍存在的人性内在需求。城市行为识别系统的主体是城市公民,作为城市主体,公民有权利、有义务为城市品牌形象塑造作贡献。

第四,持续推进原则。城市行为识别系统的建构不是一朝一夕的事情,而是一个需要一个长期推进的过程。因此,城市行为规范制定主体要将城市一贯的精神理念持续推进,保持城市行为识别的持续性、一致性。

总之,明确城市品牌形象的定位,才能建构合理化的城市行为识别系统,协调城市行为各要素,强化公众参与,建立有效的沟通机制,持续推进城市行为识别,形成长期有效的城市行为识别系统,塑造独具特色的城市品牌形象。

(二)加强机构建设,完善管理机制

城市行为的管理机制是协调城市行为要素内在联系、优化行为管理功能及运行的机制。城市行为管理机制是决定城市行为管理功效的核心。城市行为管理机制是行为管理内在结构的需要,合理化的管理机制能够能动地、自发地、规范化地约束城市行为。

合理化的职能部门和优化的管理机制能够对其他部门实施监督,促使其行为规范化、合理化,同时也促进了城市品牌形象的塑造。还可以加强城市公民的社会公德、职业道德、家庭美德教育,有效约束城市公民的不文明行为,共同维护良好的公共秩序。例如,多数城市推出的一站化办公,有效地简化公民的办公手续,提高了办事效率,树立了政府行为的良好形象。

(三)树立舆论导向,形成行为规范

这就需要通过政府的教育和培训,加强舆论宣传,推动城市行为群体和个体的行为规范化和制度化。在现代社会里，行为模式已成为人们进行自我调节的一种重要手段。行为模式是被广泛认可和遵守的一种行为方式，它是一种典型的行为准则和规范的行为框架。社会公德是在长期生活实践中形成并为大多数人所认同的道德准则、道德风尚和行为准则。社会公德，作为最根本的社会性和最广泛的群众性行为规范，是对所有公民设立的最普遍的准则和要求。在现代市场经济条件下，社会公德不仅成为个人生存发展的需要，而且也成为国家稳定和经济持续健康发展的保证。在当今社会，公共规范已成为彰显社会公德的最显著标志之一，恪守公共规范就是对社会公德的彰显。社会公德在很大程度上决定着一个国家和民族的道德水平及精神面貌。因此，政府可以以道德教育为基石，将社会的普遍道德规范具体化，以确保各行各业的人能够遵守社会公德，并加强公民的精神文明建设。同时，可以通过各种途径来培养公民的文明礼仪意识，提高全民族的文明素质水平。为了培养市民的文明素质，我们需要引导他们从细节入手，关注并纠正不良习惯，激发市民的积极性、主动性和创造性，从而使市民成为城市精神文明建设的强大动力源泉。

政府充分发挥其宏观调控职能，规范城市行为准则，切实提升公民的教育水平，以改善城市行为形象。通过规范化和强制化一般社会道德，以守则和公约的形式约束人们遵守道德行为，特别是社会公德行为，以确保社会秩序的井然；加强对公共场所的监督检查力度，使每个人都知道应该做什么、不该做什么。通过舆论谴责不文明行为，发挥舆论监督的作用，以增强市民对自身公共行为的荣辱感，提高市民对文明意识、文明行为准则的判断力和行为文明的自觉性，从而实现对社会秩序的维护。在此基础上，还要强化政府对城市公共事务的监管力度。通过实施严格的管理措施、进行教育感化、提升公民素质以及规范城市行为，能够有效地促进城市的发展和进步。

价值观可分为主观价值和客观价值两大类。价值观系统是由多种因素构成的，其中包括需求、兴趣、态度、政治价值观、理论价值观、道德价值观和职业价值观等，这些因素相互关联，构成一个完整的整体。

第三章　文化理念对城市品牌形象的提升

本章为文化理念对城市品牌形象的提升，主要从三个方面进行论述，分别是"以人为本"对城市品牌形象的提升、"地域文化"对城市品牌形象的提升、"可持续发展"对城市品牌形象的提升。

第一节 "以人为本"对城市品牌形象的提升

一、"以人为本"思想概述

以人为本是一个古老而永恒的话题，中国道家哲学中就有"贵人重生"之说。它提倡以人为贵而不以物为贵，提倡追求人本身的价值而不是用外在物质的获得来取代人生存的目的，倡导返璞归真的高质量人类精神生活，反对因追求外在物质享受而损害人的本质和生命，是朴素的人本主义思想。

在西方历史上，人本主义是指14世纪下半期发源于意大利并传播到欧洲其他国家的哲学和文学运动，同时也指承认人的价值和尊严，把人看作万物的尺度，或以人性、人的有限性和人的利益为主题的任何哲学。它与超自然信仰和中世纪的亚里士多德主义相对立，是构成现代西方文化的一个主要元素。而在当代，人本主义思想已经发展成为一股错综复杂的思潮。它与科学主义相结合，发展出实用主义；主张反对科学主义，如存在主义和法兰克福学派；甚至与后现代主义相结合，如反人本主义等。并渗透到多个学科领域中，如伦理学、心理学、教育学等。

鉴于西方人本主义思潮的错综复杂，作者主要借鉴其"以人为本"的基本出发点来探讨问题，并主要引用马克思人本主义思想作为理论依据。马克思认为"人是人的最高本质""人的自由全面发展则是共产主义社会形态的最高原则"。具体来讲，就是作为社会关系总和的人，需要求得自身的生存、发展，需要人际关系（社会）的和谐，需要人与自然的和谐。人的自由全面发展是社会发展的根本动力和终极目的。

二、"以人为本"城市品牌形象提升路径

城市品牌是一个系统、综合的概念，从不同的角度可以看到它的不同侧面。例如，从价值论角度出发，我们看到城市品牌在战略层面的意义、目标、价值取向等；从认识论角度观察，城市品牌识别系统包含着品牌精髓、品牌个性、核心

识别、延展识别等；从方法论角度，可以看到城市品牌化过程，如品牌定位、品牌策略、品牌推广、品牌管理等战术层面的内容。"以人为本的城市品牌观"就是从以人为本的发展观来审视，将人的全面发展纳入城市品牌战略的意义和价值范畴，从人与社会、自然和谐发展的角度重新认识城市品牌识别系统的社会与文化内涵，并将"以人为本"思想运用到城市品牌化的具体步骤之中，实现品牌定位、传播、管理等的创新。作者在此用一个模型来呈现这一观点（图3-1-1）。

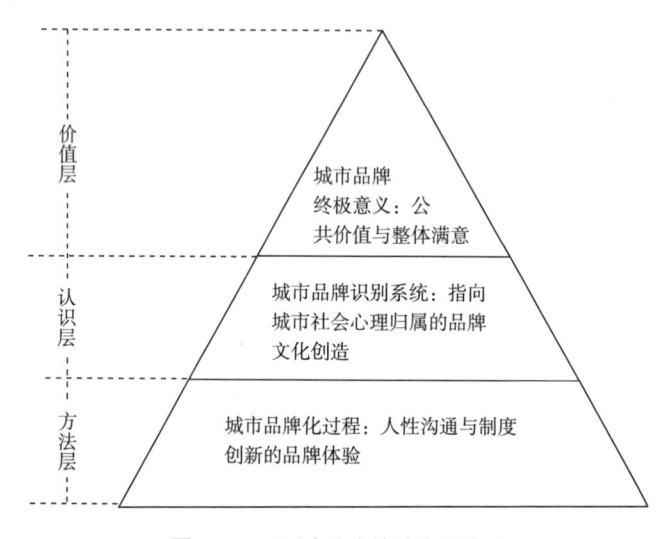

```
                    ┌──────────────┐
         价值层      │   城市品牌    │
                    │  终极意义：公  │
                    │ 共价值与整体满 │
                    │      意       │
                    ├──────────────┤
         认识层      │ 城市品牌识别系统：指向│
                    │ 城市社会心理归属的品牌│
                    │      文化创造       │
                    ├──────────────┤
         方法层      │ 城市品牌化过程：人性沟 │
                    │ 通与制度创新的品牌体验 │
                    └──────────────┘
```

图 3-1-1　以人为本的城市品牌观

（一）价值层：公共价值与整体满意前提下的品牌战略

在实现公共价值最大化和社会整体满意的目标前提下，城市品牌战略就不再是一个简单的打造知名度、推销城市的营销方案，它将与城市发展战略、城市规划、城市资源配置、社会利益分配以及各方面社会力量协同等问题紧密联系，形成一个能够实现社会整体利益最大化和城市可持续发展的城市经营动态系统。因此，处理好城市品牌战略与这些关联方面的关系是实现这一价值延伸的关键。

1. 城市品牌战略

城市发展战略以城市的发展方针、指导思想、发展目标、发展宗旨等为目标。它通常侧重于经济、社会、生态、环境、资源等方面，以此来解决发展目标、发展模式、发展道路、发展速度、发展水平和产业政策、增长方式转变等问题。城市品牌战略则是以城市发展战略为基础的一种辅助战略，侧重于城市无形财富的开发与利用，致力于提升城市的对外影响力，为创造无形资产，增强对内的凝聚力和向心力作出努力。可以说，城市品牌战略是从另一个角度对城市发展战略、内容进行传达和演绎，对城市发展战略有整合、检验与完善的重要作用。

城市经济在不断地增长，社会发展模式也随着时代变迁发生转变，与此同时，自然生态文明也在快速发展，城市的发展模式和发展理论也在不断更新。20世纪80年代在美国产生了一种"新城市主义"，从对地方地理、自然生态、历史文化和对"新经济"时代的理解出发，以尊重必要的城市规划设计原则为标准，"新城市主义"吸收了人文精神、历史主义、生态学和可持续发展的精髓，引导人们找到了实现城市可持续发展的途径。在"新城市主义"思潮的影响下，衍生出学习型城市、生态城市、数字化城市等概念，并在世界各城市的发展战略和建设规划中受到青睐。日本大阪在世界上首次提出学习型城市这一概念，中国的各大、中城市现已逐步接受了这一概念。学习型城市强调城市的学习创新能力，城市在制度上保证城市全员的学习发展过程，通过学习使社会全员都成为财富的创造者和社会发展的创新者，使城市永远处于创新的过程中。生态城市旨在创造一个生态和谐的自然与社会，这个生态集中体现在生态资产、生态健康、生态服务及城市的3M（城市代谢、城市交通、城乡生态关系维护）上。生态城市强调森林、山水与现代生活方式的关系。数字化城市以信息化城市社会的到来为背景，倡导信息技术革新带来的产业转型和社会变革，如信息智能产业取代传统工业成为主导、各类社会组织结构扁平化、生活方式与人际关系回归、多文化的互动深化、新型远程教育与自我教育结合、获取信息方式与应用方式变革、信息城市国际同步、经济活动远程化、产业经济家庭化、新型社区虚拟性等。

不论是新城市主义的发展思潮，还是学习型城市、生态城市、数字化城市等战略概念，它们都体现了城市发展趋势中的人本主义和可持续发展观。城市发展的人本目标是让人类生活得更好。作为城市发展战略的一种辅助战略，城市品牌战略尤其侧重城市对外形象、无形资产、文化功能等方面，其意义和目标当然也应该与城市发展的人本趋势相结合，以期实现共同的价值，并使社会整体满意。故而随之而来的战略制定和品牌塑造过程等都应该沿着这一主线进行。

2. 城市规划

城市的品牌战略制定不可与城市规划分割开来。城市规划是根据一个城市的地理位置、交通条件、资源优势、人文环境、文化背景和经济实力等诸多因素而作出的关于城市在空间和时间上的定位和安排。它是紧承城市发展战略的建设措施，着重物质形态的城市功能建设，如交通设施、公共建筑、产业建设等的空间分布和时间安排。这与城市品牌侧重塑造精神形态的无形财富这一特点正好互补，两者结合才能将人本的价值概念表现得更为彻底。

基础设施的建设、产业支柱的培植、城市功能的完善、城市环境的塑造等都是一个城市要形成自己的品牌的必要元素，是这个城市良好品牌形象的坚固基石。

以人为本的城市规划崇尚自然天成，如水城威尼斯顺应其独特的地理特征建造了独特的美；以人为本的城市规划尊重历史文化，如欧洲的一批著名城市罗马、佛罗伦萨、巴黎、布鲁塞尔、阿姆斯特丹等，被人们看作建筑的博物馆和艺术的宫殿；以人为本的城市规划强调创造和谐、健康的人居环境。

总之，科学的、人本的城市规划为城市品牌的形成打造了基础，或者说其创造的良好城市功能与人居城市环境本身就是城市品牌的一个重要组成部分。因此，两者应当相辅相成，在城市发展战略工程中充分合作。

3. 城市资源

资金、土地、环境、人才等各方面资源如何实现最优化配置，从而促进城市的可持续发展，是城市经营的一个重要内容，也是一个以人为本的城市品牌的基本素质。公共价值和社会成员的利益正是靠经济、社会、文化等资源的科学配置来实现的。

在城市品牌化运作阶段，为使城市资源能够更好地开发利用，为了充分优化和发挥城市功能，就必须引入市场机制对城市资源进行资本化、市场化运作；必须利用少量的公共财力来启动大量的社会资本，重视那些在近期条件下难以产出直接经济效益的城市资源开发，如城市文化、城市生态等；必须关注控制污染的机会成本而不是将投资局限在生产、生活过程中排放的污染物处理上；必须着眼于人才资源的开发。人的活力决定着一个城市经济乃至社会的活力，因此，人才资源的优化配置也是城市品牌和城市竞争力的重要表现。

4. 多元主体的利益均衡

城市资源的优化配置旨在实现经济、社会、文化、环境等各城市功能与效益的均衡和优化，主要是就城市品牌建设的客体而言。而作者在这里提出的利益主要是针对城市品牌运作的主体而言（政府、企业、公众三方主体）。怎样进行公平的利益分配，私人利益与公共利益间如何进行博弈与激励，以确保整体利益的最大化，这是以人为本的城市品牌不能回避的问题。

利益分配的公平问题，主要是指公众利益的实现，如关系民用、民生的小项目、小设施的建设和完善；社会保障制度的健全；政府站在造福民众、社会公正的立场上来着手城市发展建设，调剂富人与民众之间的利益冲突；企业多采取一些考虑问题的公益、人本视角。当然，这样的理想状态需要引入动力机制，使三方利益在相互的博弈中实现和谐统一，最终实现社会整体利益的最大化，实现人本价值的回归。

品牌的核心价值代表着产品或服务带给公众的最大和最根本的利益。在公共价值的价值延伸和社会的全面满意度下，城市之所以存在商业竞争社会最为关键的是，城市能给社会全体成员带来的最大利益也与城市品牌有关。并体现为一种全方位的价值体系：体现城市核心竞争力，强调竞争优势的价值观；体现顾客的价值与满意，强调服务意识的价值观；体现生存主张，引导市民形成意识共鸣的价值观等，多维的价值体系在诸多的相关因素（城市发展战略、城市规划、资源配置、利益分配等）与城市品牌建设的相互作用中得到彰显。

（二）认识层：指向城市社会心理归属的品牌文化创造

在以人为本的视角下，城市品牌识别系统不再是一堆抽象、空洞的标志和口号，而是成为城市社会心理归属的一种文化创造。那么，诸如品牌精髓、核心识别、延伸识别等系统要素或子系统如何体现这一人本内涵，如何完成品牌文化创造，并最终指向城市社会的心理归属？作者的观点是这些问题的关键因素是功能与文化。城市的骨血就是由功能和文化造就的，前者为基础，后者为升华，两相结合，才能形成城市品牌的文化与价值。

1. 品牌基础：城市功能的人本开发

城市功能的定位与开发是城市发展建设的一个基础部分，也是形成城市定位和品牌核心的前提。作者在此着重探讨其在城市品牌系统形成中的基础作用和人本创新。

（1）城市功能的人本含义

不同的学科在研究城市功能的时候会从不同的角度入手。在选择城市的时候必须基于以下两点考虑，即居民点的分布要合理，要有利于生产力规模效益的发挥，这是城市地理学和生产力布局学持有的观点；而文化人类学所持有的观点是城市功能扩张的主要目的是要保全、整合、传递人类文化以及创造新文化；站在人口学的角度来看，人口的合理流动以及人类生活质量的提高都建立在城市的功能基础上；经济学持有的观点则是规模经济效益是城市的主要功能；站在社会学的角度对城市的功能进行分析，城市为人类营造出一种生活环境，当代人类在城市环境中传播文化、创造文明，城市的出现给人类带来了一种新的生活方式；城市管理研究持有的观点是自然物质和人工物质的承载、各类社会经济实体的依托、复杂的社会流动都是城市主要的功能，均以城市为中心主导。

在上述各学科角度探索的城市功能中我们都可以看到以人为本的影子。城市功能的本质是经济流通的集散功能和满足城镇居民进步的社会功能。在城市的功能定位中，应当锁定这一功能的本质含义，如此才能确保之后的品牌建设等不至于浮于表面或偏离方向。

（2）城市功能的人本定位

从功能与结构关系来思考，城市的功能是多元且丰富的，如区位功能、经济功能、文化功能、社会功能、政治功能、产业功能等。由于历史、地理、政治等因素的影响，城市在各项功能上的发展并不均衡。根据城市在各项功能上的不同侧重，可将其分为不同的类型，如政治型城市、经济型城市、交通型城市、文化型城市、旅游型城市等。

从长期的历史发展与现实竞争中提炼出一个城市的核心功能，寻找其最具个性的差异化定位策略，是城市形成品牌竞争力，进而形成城市竞争力的重要步骤。站在历史长河的角度上看，城市居民的生产劳动以及在生产劳动中建立的历史传统，最终形成极具生命力的城市功能，历史传统主要包括生活方式、地方教育、市民素质、城市信仰等。在现实层面，一个城市核心功能的形成有赖于政策、资源、机会、教育等结合当代城市发展的生态化、数字化等趋势，城市核心功能可锁定在生态、人本、智能等目标上，从而实现差异化的定位并突破传统发展模式的瓶颈。

人本意义上的城市功能定位与开发为城市提供了健全的骨骼，接下来就该用文化与精神来组成城市的血肉，使城市生动起来。

2. 品牌灵魂：城市文化的积淀与创造

文化是城市的灵魂，是城市得以延续的重要内容。城市是一个复杂、动态的体系，其文化也是一个错综复杂的系统。在此，作者从城市精神、历史文化、文化品牌三个方面进行分析。

（1）城市精神

精神理念是一个人、一个组织乃至一个民族存在和发展的精神支柱，也是城市文化和凝聚力的核心。城市精神是一个城市在长期的历史发展和现实的竞争需要中形成的基本信仰、整体价值观和市民行为准则的综合。从城市精神出发，我们可以形成城市品牌识别系统的品牌精髓，进而形成城市核心识别。

（2）历史文化

历史文化资源是一个城市文化品质的重要表现，源于地缘、环境、历史和传统，一个城市的历史文化资源浓缩城市的过去和现在，表现为人文历史景观等物质实体以及传统文化、风俗习惯、人文精神等非物质形态。世界上的诸多名都大邑，多凭借深厚的历史文化资源而形成了独特的个性与品位，进而享誉世界。罗马，古罗马帝国的发祥地，世界四大文明古都之一。2700多年的历史使这座城市成为一座巨型的露天历史博物馆。雅典，古希腊文化的摇篮和中心。古希腊的神话、传奇、英雄使这座城市在今天仍散发着神秘的光彩。佛罗伦萨，十四五世纪的欧洲人文主义和文艺复兴运动的发祥地，又因达·芬奇、但丁、伽利略等巨匠名扬天下。历史文化资源是一个城市形成品牌，彰显个性和魅力的一种独特优势。中国的许多城镇都具有这种潜力。西安、南京、曲阜、平遥等，从大都市到小城镇，中国五千年的历史就沉淀在这些神州大地的结点上。它等待着我们去挖掘，去开发，去发扬光大。

（3）文化品牌

从类别上分，一个城市品牌系统中包含了产品品牌、产业品牌、自然品牌、建筑品牌、文化品牌等要素。其中，文化品牌最引人注目。文化在人类和社会发展中的作用已经受到越来越多的关注，许多城市都把发展文化产业上升到战略高度。

文化是一个宽泛的概念，城市文化系统既包括大型艺术文化场馆、体育文化场馆、图书馆、博物馆、科学馆等硬件设施，也包括文学、艺术、音乐等思想集结形式，还包括伦理观念、职业道德、消费行为、时尚、价值观、交往方式、市民礼仪等抽象理念。这些物化的、非物质的文化形态均可以成为文化品牌。但在城市品牌战略中运用较多的仍是物质形态的场馆设施、文化产品等产品品牌和文化节、文化运动等文化服务品牌。

文化品牌能够使城市的品牌内涵变得丰满，高品位的、具有理性思维的地市性格尚需文化来铸就。文化品牌的繁荣是城市个性生动的表现。当英国人通过民意调查了解到世界人民对他们的了解还停留在狄更斯时代的高帽子、黑色礼服上，对他们的商业却毫不了解，对他们的科技的了解也仅限于工业革命时期时，为了摆脱这一古板、守旧的形象，英国人选择了以文化为手段，开始了一系列名为"创意英国"的品牌营销活动，以雕塑、时装、工业设计、生物科技、太空技术、家居设计、教育等为主题进行公关和展览活动，进而形成相应的文化品牌。如今，创意与时尚成为英国展现在世界人民眼中的标志形象。伦敦成功申办2012年奥运会，其宣传片中展示的创意、幽默与活力等城市特质功不可没。再如美国有一些城市曾经没落过，其中的代表是皮兹堡、巴尔的摩、波士顿等城市，但是它们通过创造新的文化品牌又重现繁荣景象。西班牙巴塞罗那重建繁华景象则是依靠设计科学的城市文化品牌，升起新文化的旗帜并举办文化节。澳大利亚悉尼利用2000年奥运会的机会，扩展城市的文化基础设施，建造新的画廊、博物馆和交互式的多媒体中心，迎来了新一轮的发展。

总之，文化之于城市，是灵魂，是守护神。城市文化之于城市品牌，是灵魂，是核心，两者水乳交融，精神理念、历史文化、文化品牌的铸就和积淀丰富了城市品牌的内涵，成就了其高雅的品位和人文精神气质。而当品牌成为文化，其人本特质和社会心灵归属地指向将形成强大的"文化力"，反过来会对城市的发展产生巨大的作用。

（三）方法层：人性沟通与制度创新的品牌体验

从战略制定到识别系统建立，再到传播推广和品牌资产与危机的管理，以人为本的思想为城市品牌化过程提供了创新的空间。作者从价值层面探讨了城市品牌的战略和空间意义，在认识层面上思考了品牌识别系统的文化内涵，这里则主要探索品牌传播与管理两个品牌化过程的方法创新。在体验经济和关系营销大行其道的年代，运用"体验""关系"的概念来进行城市品牌的传播推广和组织管理，与以人为本强调人性满足与人际（社会）沟通的观点是可以结合在一起的。

人类经济形态从农业经济、工业经济、服务经济发展到体验经济阶段，这是人类经济形态发展的第四阶段。消费和服务不再是简单的交易，消费场所和消费者都发生了变化，转变为剧场、参与者和主要演员，在体验过程中给卖方提供商品和服务，把趣味、知识、转变和美感带给买方。体验经济提供的不再是自然的产品、标准化的商品和定制的服务，而是个性化的体验。城市品牌与传统的产品、企业品牌相比，其产品、企业（如果把城市比作企业的话）、人、符号等元素都更具复杂性，在消费、空间、文化、符号象征等意义上都更具体验的特征。因此，将城市的品牌化过程视为创造一种品牌体验，无疑能为机械的城市增添人性的温暖。

20世纪90年代，世界进入社会学时代浪潮，市场经营理念得到发展，关系营销也应运而生。在关系营销中，营销活动是一个企业与众多机构和个人发生交易的活动，如与消费者、供应商、分销商、竞争者、政府机构及其他公众，与这些机构和个人建立并发展良好关系，是企业营销活动的核心。在城市品牌营销中，"关系"是一个重要内容。

政府、企业、公众等营销主体之间的关系是协同合作、利益均衡，营销主体与投资者、游客、公众等客体是买卖互动关系，政府营销在一定程度上也是关系营销。而关系营销强调的发展与维持和谐良好互动关系无疑也使城市品牌化过程成为一种人际（社会）交往的体验。

品牌推广是将品牌战略方案、品牌识别系统形象化甚至物质化的具体过程，品牌管理中的组织力、执行力直接决定品牌的建设与延续是否能成功。因此，这两个过程在方法论中最具有探讨的价值。

1. 运用人性沟通创新品牌传播

传播学中简单的"传"与"受"的传播模式已经被如今这个地球村的时代淘汰，传者与受者之间的界限模糊，沟通、互动、人性交流已经成为传播的新趋势。要将品牌传播过程转化为一种体验过程，触动心灵的诉求定位、着重沟通与互动的传播手段、人性化的"品牌——顾客"关系营造等均是值得尝试的创新方法。

根据戴维·阿克（David AAaker）的品牌理论，品牌定位是在品牌认同系统（品牌识别系统）形成之后的成本步骤，品牌认同系统，特别是基本认同，折射出品牌的基本信仰和价值观，是长期不变的。但品牌定位是可以根据品牌发展的不同时期，针对不同对象进行调整和改变的。在这一意义上，作者将品牌定位视为品牌用于推广传播的核心诉求定位，与上述提到的城市功能定位、城市定位有所区别，前者是品牌化过程中的战术定位，后者是城市发展战略系统中的战略定位，两者发生的阶段和目标意义均不相同。

人本的品牌定位，亦能触动心灵的品牌传播核心诉求，可以直接表现为一句简洁有力的宣传口号，如纽约的"我爱纽约"，美国弗吉尼亚州的"情人的弗吉尼亚"，中国台北的"健康与爱"，再如创造国家品牌的个中好手——英国北爱尔兰的"触摸精神，感受热忱"，威尔士的"在威尔士，你将找到一种对生活的热情"。人类的要求都是从低层次的生理、安全满足进而转向对自尊、爱、自我理想实现等高层次精神满足的。城市的品牌传播是向其顾客（投资者、游客、居民）展示一种诱惑力，一种能使顾客的某种精神追求获得极大满足的诱惑力，品牌定位则是这种诱惑力的精炼表达。

因此，完美的品牌体验要从人性的诉求开始，当一个品牌拥有触动你我心弦、使人跃跃欲试的定位和主张时，它就已经成功了一半。著名的"体验之都"拉斯维加斯，曾以提供灯红酒绿、纸醉金迷的体验而获得成功，但经济的不景气使其大受影响。后来经过重新定位，它抓住了一个温馨、人性的品牌诉求，将为赌徒提供享乐的成人游乐场转变为适合全家游玩的大型度假城，于是整个城市得以起死回生。又如被《新周刊》称为中国体验之都的云南，境内的香格里拉、西双版纳、丽江、大理等代表的回归自然、回归人性的生活方式和"天人合一"的意境让无数生活在大城市里的人们心之向往。

2. 运用制度创新提升品牌管理

企业营销理论研究品牌管理主要从品牌价值、品牌形象、品牌资产、品牌危机等几方面的管理入手。但城市品牌运作的对象是更为复杂的城市系统，运作的主导者是具有公共意义的政府，因此城市品牌管理在很大程度上是政府对城市系统的管理。其中，组织协调和管理创新是两个关键。组织协调直接决定了品牌化过程的执行能否成功，而管理制度、服务的创新本身就是人性化城市品牌形象的组成部分。

（1）组织的协调：协同合作与全民参与

在城市品牌化过程中，多方主体、客体之间的资源分配、利益冲突问题不可避免，借鉴"城市治理"模式，进行公私协调合作和全民参与的品牌治理是一个符合以人为本观念的解决之道。公私的协同能使公共利益和私人利益实现正向博弈，从而在私人利益的激励下实现公共利益的最大化。全民参与更是能调动社会各方面的资源和力量、发挥广大人民的积极性和创造性，从而使品牌运作收到事半功倍的效果。市民的参与正是他们价值与归属的体现，这一主人翁意识和荣誉感也正是人本思想所倡导的个人价值实现及人与社会的和谐。

（2）管理的创新：服务意识与个性管理

从城市发展、建设的规划到各项方针政策的产生与实施都应遵循科学性和社会性。管理制度的执行应具有超前性和及时性。社会与城市的发展日新月异，管理的水平、方式、观念也必须随之更新，这样才能与时代合拍。

城市管理的本身是一种社会服务系统，进一步说，服务是城市的本质属性。政府作为城市管理的主导者，将自己放在一个为公众、为城市服务的位置，这是人本精神和民主文明的体现。

在树立服务意识的基础上，建立个性化的管理系统，可使城市品牌管理收到有效而生动的效果。个性化即差异化，在企业营销领域，"差异化营销"已成为各品牌在产品雷同、无差异化的局面中寻找突破口的惯用手段。在世界经济一体化和城市现代化过程中，城市的功能、形象等也呈现出相似性，这就很容易从相似到雷同，再到面目模糊甚至失去生存的竞争力。创造差异是城市获得生存竞争力的强有力手段，可以避免这一情况的发生。创造管理的差异与个性，也就是城市竞争力和生命力的一个重要表现。个性的管理通常更易于沟通，更显人性化，也收到了良好的品牌传播效果。因此，根据城市的历史、人文、现状、发展状况以及城市个性而建立起个性化的管理模式，如个性化的领导者形象，个性化的政府与市民沟通接触方式，个性化的政府服务行为、形式、内容，个性化的技术手段等，也不失为一种人性化的品牌体验。

第二节 "地域文化"对城市品牌形象的提升

一、地域文化

（一）地域文化的含义

各地区国家的文化形态在几千年的演变过程中形成了自己的特点。地域文化实际上是在一定地域范围内长期形成的历史遗迹、文化形态、社会习俗、生产生活方式。地域文化具有明显的地域性、形成过程的长期性和表现形式的普遍性。它们相互渗透、相互包容、相互影响。到目前为止，学界关于地域文化的理论有很多，但依然存在不同的观点，没有一个明确、权威的定义。

一个区域内持续存在的文化特征就是一般意义上的地域文化，其地域的区分在自然状态下形成，往往是没有明确的界限，而在地理学里，地域是地球表面的组成部分，是人们依据自己的需要划定的地域边界，它具有随机性。单纯的自然形成的地理单位上的一切文化活动并不是全部的地域文化，在综合考虑中国地理地貌，社会经济结构，文化发展的历史及特点，各文化特质具体的分布状况等因素后确定的文化体系才是全部的地域文化。根据《国际社会科学百科全书》的规定，地域文化属于人类文化学学科体系范畴，在人类学中人类文化学占主导地位，人类学是对人类文化的科学研究。人类文化学几乎涵盖了全部研究人类的学科，除了一些人类生物学等学科。

历史学与人类文化学在研究中的交汇领域也涵盖了地域文化的研究。人类文化学与相邻学科的交汇非常丰富，是这门学科在世界范围内发展的一种全新的趋势。我们可以站在人类文化科学和中国文化史的角度，对中国地域文化进行探讨。由于其特定的内涵，文化在物质上或精神上有很大的差异。人类在历史实践过程中，所创造的物质财富加上精神财富是广义的地域文化概念；社会的意识形态、相应的制度和组织结构是狭义的地域文化概念。文化具有地域性特征，中国城市生长在特定的地区或者是处在不同地域文化的滋养下。造成地域文化不同的原因是，人们在特定的地理环境和历史条件下，世世代代劳作、经营、创造和演变。一方水土养一方人，在这样的环境条件下形成了独特的地域文化，独特的地域文化又相互融合、相互作用，造就了丰富多彩的中国文化空间。

从上文的研究分析中得出，在海洋、山脉、河流这些特殊的地域条件下，其气候特点以及独特的人文精神相互融合产生地域文化。这种文化的地域性特点被突出是基于文化独特的、不可变更的多种因素影响；在文化空间中，从广义上来说，地域文化具有独特性，从狭义来说，地域文化具有主导性；地域文化具有既是地域性的又超越地域性的文化内涵；地域文化具有客观的实体存在的文化属性，也具有地域群体在认同主观文化的基础上所形成的"想象的共同体"这样的文化属性。地域文化受到地域的限制以及已经具有的人文精神的影响，它并非属于传统意义上的文化概念，更不是特定经济状况下的物质意义。地域文化呈现的文化状况形式是多种多样的。地域文化不是一个单一的地理概念，用文化时空概念来概述地域文化最合适不过，文化时空实质上是具有相似文化特征的某一地区及其文化的历史空间。故而我们不能只依靠简单的地理决定论对区域文化进行判断，未来的方向也是影响判断的一个重要因素。

地域文化具有四个基本特征，第一个特征是文化的普遍性，每个地区都有其独特的文化标志，如行为方式、语言体系、经济制度、文化经典、文化代表和某些宗教信仰、价值观等；第二个特征是文化的群体性，地域群体创造了地域文化，群体中的成员认同这种基本完全统一的群体文化，并对其有归属感；第三个特征是文化传承，文化在各个文化区域内一脉传承，如文化经典、古建筑、民俗等；第四个特征是文化渗透，基于历史的发展背景，各文化圈的文化在进行持续的接触、交流、相互影响和转化，这就造成了各文化圈的文化拥有独特的地域特色，也与中国传统民族文化保持一致。

（二）地域文化的价值

在当代价值观念方面，显示出地域文化的重要性。地域文化以其自身的特色得以绵延至今。地域文化是悠久灿烂的民族文化的一部分，地域文化影响着文化多样性的发展，承担了载体角色。地域性质在全球化发展趋势形成后才产生的问题。在经济全球化的进程中，某种文化经济地位上的优势决定了其在文化中具有相对较强的地位。这一现实是无法避免的。一个民族的生命力往往是由文化的力量决定的。如今，市场上的产品和销售都受到文化的标记和影响，公众将眼光投入到具有文化意义的消费方面。区域经济文化的发展已经离不开地域文化的参与，尤其是把精神动力和文化氛围赋予到城市的发展中。准确来说，地域文化是一种资源。在自身发展的过程中，要认真分析自身的资源优势并加以利用，充分挖掘地域文化优势，打造具有地域特色的文化品牌，以上种种对于推动和促进地域经济、政治和社会发展都非常有帮助，也是塑造和培育新的民族精神的有效途径。

每个地方的地域文化都要经历一个悠久的历史周期而产生，这样的地域文化也一定是自我的、多元化的、鲜明的，城市在不同地域文化的影响呈现出独立的个性特色，城市品牌形象反映在地域上是一种地域文化的外在现象，品牌形象是依据地域文化设计的，地域文化是形象设计的素材和元素，地域文化反映了城市的性质和功能等城市本质，如果没有地域文化，对城市的发展和品牌形象都将产生极大的负面影响。是人类创造了文化，在特定的空间内，人类得以生存，同时文化也得到发展，而这也造成了地域文化的不同。因此，由此产生的地域文化差异必然会对民族精神的形成和发展产生重要影响。站在实践层面，表达城市视觉形象信息来传播地域文化和民族精神是建设城市品牌形象的关键因素。

民族文化与民族精神吸纳了地域文化中的先进因素和良好营养，并且通过凝结升华，得到更好的发展与传承。民族文化与民族精神引导、凝聚和规范了地域文化，推动了地域文化的融合扩展、认同主流和趋同一体，地域文化在趋同过程中，依靠地域特点创造和积淀着属于自己的独特风格，同时也吸收新的内容，为重组民族文化与民族精神提供了丰富的能量和鲜活的生命力。时代在发展，社会在进步，文化更要进行持续的调整、更新和重塑，文化的发展与创新，为民族的文化保持与时俱进的生机和活力提供了源源不断的动力。

二、地域文化与城市品牌视觉形象

城市意象关注城市景观表面的清晰或可读性，以及容易认知城市各部分并形成一个凝聚形态的特性，这是凯文林奇提出的。在他的观点中，城市的街道、小区、标志物应该是容易命名的，这才是一个可读的城市，进而组成一个完整的形态。

把一个地方连接起来，再设计一个合适的标志使这个地方被标注出来。这就是真正意义上易读城市的理念。

融合城市复杂环境是城市品牌视觉形象设计的主要工作，即化繁为简。工作内容不光是改变图标和信息系统，也并不是把简单的事物拼凑到城市中，最重要的是在不同的视角下去真正了解这个城市。建立城市化的导向标识以及完善各项基础设施，为城市中的居民或者是游客提供服务。使他们对城市产生认同感，给他们留下一种有浓厚地域性文化特色的印象。因此，一定要在充分了解所要设计的城市的基础上，再把它打造成一座"易读"的城市，当环境处在一个相对稳定的状态下，由于自然地理特征和文化历史因素等关键因素的相互影响，一种地域文化在悠久的历史时期逐渐孕育和形成。在一定地域共同文化传统的形成和发展中，塑造成员的共同人格、行为模式、心理倾向和精神结构，对一个城市的身份文化认同具有特殊的功能，它能够代表城市的特征，对城市居民的认同心理进行塑造，在城市的特色、和谐与创新、品牌形象的塑造上具有很大影响力，发挥了不可忽视的作用。

（一）自然地理文化与城市品牌视觉形象

特殊的城市地理环境决定了特殊的文化环境，特殊的文化环境又反向作用于地理环境，使其发生持续变化。它们之间的影响是相互的，促进也是相互的，在发展方面更是一同进步，在特定的历史时期展现出极大的形态稳定性。它在一个区域文化和另一个区域文化之间得到体现，没有分明的边界，城市文化在各自的影响下，是任何东西都无法取代的。每个区域的地理环境都是独特的，在自然环境和文化特征上具有个性化特点。地理环境的独特性会对独特的群体审美意识和文化思想的创造产生影响，城市中每一个个体的审美意识和文化思想共同构成了群体审美意识和文化思想，这为独特的地域文化的造成打下了基础。

地域文化之间是有很大区别的，基于独特的视觉形象表现，在独特的地域文化发挥影响力的同时，每一个城市的视觉形象设计基本上都是稳定的且一致的。同时这代表着，这一地域有着相对稳定的地理环境和相对一致的人文环境。随着历史的发展，文化内涵的本质其实就是进行不断地传承与发扬，传承的体现要借助城市品牌视觉形象外观设计，在视觉信息传达的运用上，要使用属于这个地域的、这个城市的典型元素与文化符号作为元素符号。以苏州和厦门两个城市为案例,分析这两个城市的特色规划设计。对于苏州来说,以中国的传统水乡文化,江南的吴文化、姑苏文化为特色主题来展现苏州的独特城市魅力,就像诗中描述的小桥流水人家的意境。"浓墨淡彩,写意江南"是苏州这座城市所特有的色谱,重点呈现出一种抒情、细腻、温婉的江南水乡的意境;而对于厦门来说,这座城市把海的颜色保留在了自己的怀抱中,其地理位置也正好位于闽南红砖文化区。闽南传统建筑中的红砖、红瓦在蓝天碧海下呈现出高傲的色彩,在这样的地理背景和当地建筑文化基础上,将厦门这座城市中的浪漫抒情、休闲娱乐的滨海区与具有浓厚闽南传统的红砖文化区相互结合,打造出"大色淡渲,彩墨画意"的厦门色彩规划设计。

每个城市都有属于自己独特的自然地理风貌,所以体现出来的城市色彩规划也是有所差异的,城市文化内涵、物质形态载体以及自然环境等因素这些都影响着城市色彩规划,在设计城市品牌视觉形象时,要考虑到这些综合影响因素,深度挖掘这些影响因素的特点并加以利用,使其来展示独有的城市风格与形象。

(二)社会历史文化与城市品牌视觉形象

历史文化资源从侧面烘托出一个城市的文化品位,也生动地展现了一个城市的文化个性。历史文化资源是一个城市的文化优势,为其被打造成独具特色的文化名城提供了可靠依据。举例来说,意大利的佛罗伦萨就是一个世人熟知的文化名城,中国的曲阜也是一座文化名城,它们都是借助历史文化资源而闻名于世界各地。一个城市的地理环境、悠久历史和传统文化塑造了它独特的历史文化价值,浓缩了城市的未来和过去,提炼了城市的物质实体和社会文化。城市的生动视觉要素来源于人文历史景观与文化,人文历史景观与文化是构成城市视觉形象的精髓和血肉。因此,在塑造城市品牌视觉形象时,在地缘识别的同时也要综合考虑到一座城市的人文状况,如历史、文化、风俗、民族等因素,并且在城市品牌视觉形象识别系统中,一定要把人文状况作为非常关键的人文识别因素。作为文化的一种载体,城市一定会在悠久的历史长河中沉积了浓厚的文化内涵,这些丰富的文化内涵在城市视觉形象系统中被完美呈现出来,表现出了一个城市独特的城市特色。

在城市品牌视觉形象系统中，当人文识别因素被提及时，一定要对历史性和共时性两个方面的内容给予更多的关注。经过长时间的历史积累，城市的文化、风俗、民族等被塑造，这实际上是经过历史积累的遗产。城市的共时性状况指的是现代城市居民的真实生活一定要与历史性的人文遗产共同存在。我们要以历史性的人文特征为主要内容进行城市视觉形象人文识别的推广。在传承城市传统文化和发展新文化时，需要我们正确处理和妥善协调两者之间的关系。在任何一个时代，文化的创新都是建立在对传统文化的传承基础上的，在每一个城市中，文化的发展都不可能绕过传统文化而重新发展。如果一座城市没有注重传统文化的继承与发扬，那么这座城市的文化创新简直就是纸上谈兵。实现文化创新是发展城市文化的关键，也是塑造品牌视觉形象的根基，这是社会实践的必经之路，可以为城市文化与品牌形象提供源源不断的内在动力。文化在进行交流、借鉴与融合的同时，也会对别的文化的精华和成果进行吸收和继承，以文化为主导，被文化运用，对于传统与创新文化的关系要有正确的认识，更要规范地辨析本土文化与外来文化之间的关系，摒弃守旧封闭思想，反对所有的民族虚无主义和历史虚无主义。

在城市品牌建设中，设计城市品牌视觉形象用于表现地域历史文化的实践并不多见。导入视觉识别系统是建造设计博物馆工作中至关重要的一步。VI 设计系统被导入到迪拜博物馆，一种文化信息被这些符号通过不同排列组合提供。这些抽象的符号为历史的文明进程息息相关。博物馆里的手册和纪念品也会有这种抽象符号的痕迹，这些符号会唤起人们在博物馆中感受到的地域历史文明相关记忆，这种文脉感一直存在于游客的内心深处。还有一点，迪拜这个城市在建设新城区时保留了阿拉伯文化，在建设开发人居环境时也彰显了对阿拉伯文化的延续。许多用在建筑上的装饰纹样的造型设计，其实都是从阿拉伯传统文化中经过历史的积淀发生了变化而形成的。迪拜整个城市的色彩规划以米白色为主，每个建筑的颜色几乎都是以米白色为主色调。这座城市里蕴含了浓厚的历史文化，它从未被遗忘过，也没有因为现代化的快速进程而被滞留在历史中，更没有因为国际化的发展而使本民族的文化发生断裂；相反，在这个现代化的城市里，现代的设计师们把阿拉伯文化设计出了更加丰富的元素。在不知不觉中，这座城市中浓厚的阿拉伯地域文化成为一种与其他城市区分开的特征。

在设计中，文化复归现象实际上是一种回归意识、寻根意识、民族意识与设计意识等多种意识形态的有机结合体，在文化复归现象中民族心理得到了延续与发展，与此同时，民族审美特征也得到了加强。人文历史文化是一种一旦消逝就无法再创造的文化资源，只有重视历史文化的继承和发展，提高城市文化含量和文化品位，才能使城市获得源源不断的生命力。

三、地域文化在城市品牌形象设计中的体现

（一）地域文化差异与城市品牌视觉形象

一座城市的地理位置和地域文化直接影响着一个城市性格的形成。城市风格是对城市传统文化的延伸，也是现代发展理念的向外扩散。自然进化和人为整饰的一致性发展成了城市风格。自然界万物自古以来受到地理位置、气候、植被，以及人为的环境中风俗习惯、文化传统等多方面因素的影响，由此独具特色的城市形象才能被塑造出来。自然景观或人文景观中的图形、色彩等外在元素为人们传达着丰富的视觉信息。

在城市自身的发展过程中，在其自身潜意识里已经具有了文化属性。在城市形象现代化构建进程，城市品牌定位的关键问题是，文化属性与城市视觉识别的外观形象的结合。美产生在城市竞争中，要从不同层次找到城市不同的美。站在历史形成的角度感受城市的差别，根据各城市的具体条件、特定需求，把握住本市的独特文化形象，取其精华，去其糟粕，创建各种代表本市个性的标志物和有特点的景观，在塑造城市形象时应综合考虑时代精神、居民意愿、独特魅力等因素。例如，天津是北方城市中比较少见的滨海城市，其特色是河网众多；厦门鼓浪屿被誉为海上花园，建立在澄碧如蓝的海水之上的；桂林这个城市，山水甲天下，漓江百里，奇峰林立，城镇被山水环绕；而苏州、扬州这些江南特色城市，庭院建筑风格是宅子，乌篷船是特色交通方式，江南园林，小阁林立，粉墙低垂，在气象变化之中给人一种宁静的氛围。上述城市都具有独特的自身风格和地理特点，每个城市的景观都大不相同，各具特色的城市景观展示了独特的城市形象。

1. 北方传统城市形象

北京是以往皇朝聚集的地方，作为中国的政治和文化中心，以其独特的人文

地理环境，在文学、艺术、建筑和城市规划方面拥有并展示了不同凡响的皇家风格，同时也创造了一种非常特殊的地域文化，成为北方文化的典型代表。在城市形象的宣传中，这种具有明显皇家风格的地域文化，被深刻体现出来。传统的色彩、建筑和代表皇权的图案，以其深刻的象征意义在城市的许多项目中被毫无保留地使用。至于外部环境，城市个性的体现，是要具备被大众快速识别并且容易辨认的标记，也包括在建筑中一些基础设备的建设，以及对视觉感官文化氛围的认可。谈到北京，天安门广场、紫禁城和长城这些标志性建筑可能是人们首先想到的，但是作者想到的是这些实体所承载的优秀文化，京剧就是其中的精华。

京剧是中国传统戏曲的代表，于1840年左右形成于北京，繁荣于20世纪30年代和40年代，当时被称为"国剧"。直到现在它仍然是一种具有民族影响力的主要戏剧流派。京剧表演艺术是以现实与想象相结合为基础的，最大限度地利用了舞台空间，突破了时间的界限，造就了"以形传神，形神兼备"的艺术境界，用一种平静的意识形态追求意象表达，与中国人民的精神是一致的。再就是京剧脸谱，它是一种具有深厚民族特色的中国传统艺术形式。京剧脸谱色彩绚丽、造型夸张，其中抽象神秘的图案和完整的构图都深入彰显着艺人的设计理念和独特内涵，体现了和谐而完美的美学观念，反映了中国传统的是非观、道德观和价值文化，是世界舞台上一朵绽放的花。因为京剧脸谱独特的造型具有象征性与代表性，所以把它作为首都北京的象征，既反映了城市精神，也象征和代表着一个国家的文化。再比如，在2008年北京奥运会上的视觉形象宣传设计中，由六种主色调组成的色彩体系也彰显了这座城市的浓厚文化内涵。这六种特殊的色彩从深厚的中国传统文化和现代北京元素出发，分别是中国红、琉璃黄、国槐绿、玉石白、青花蓝、长城灰。在奥运会上，结合吉祥如意含义的云纹辅助图形被应用在了整体视觉形象设计中，这样的色彩形象具有很强的地域特征，同时也没有忽视国际化的识别特征，塑造了非常浓烈的中国特色和中国文化品牌，在北京奥运会上翩翩起舞，演绎了最美的中国色彩运动！北京的城市品牌形象，在全球性盛会奥运会的举办中，从矜持、含蓄的中国文化中瞬间呈现。人们对北京这个城市甚至中华民族的形象留下了震撼的印象。

2. 沿海城市形象

北部沿海城市大连，城市区位得天独厚、环境宜人、风景秀丽、气候适宜。

因为良好的城市基础和规模大、城市化水平高的条件，所以推出了"城市环境名牌战略"，创造出最佳的城市投资环境和最宜人的生活环境，建设优美的环境，成为国际化城市。这样的思路和方式被称作环保商业模式。大连市在政治、经济、文化、环境四个地域性文化方面基本都塑造了城市品牌形象。大连在城市名人、知名科技企业、环境优化、足球经济等方面，以及城市整体规划和大规模的旧城改造和拆迁方面，在城市建设、欧式建筑和现代建筑、城市广场点缀和园林式绿化等方面均很快走在全国主要城市的前列。大连的城市名片盒是在过去的 20 年里被一张张精心制作过的，得到了许多盛誉，如国家花园城和世界花园城，也被称为"北方明珠"。大连市除了创造政治、经济和环境名片，同时还是一个注重巩固现有城市资源，在明确定位城市形象的基础上塑造文化名片的城市。天桥上的云霓景色和城市足球的魅力，不仅让大连频繁上镜，更传达出一个充满活力和全面发展的新海滨城市的品质。大连已经在长期发展和创新发展上实现了双赢。

3. 中西文化交融城市形象

无论是在本地还是其他地方，在一定程度上说，文化思想的差异并没有清晰的分界线。不同地区文化的影响是相互的，促进是相互的、制约也是相互的。在特定的历史背景和地理条件下，不同地区文化影响的速度、范围和广度是有区别的。

香港城市标志之所以以飞龙的形式出现，是因为有一个相关的设计背景做支撑。首先，龙在中华民族传统文化中是一个有代表性的图腾，它传承着东方精神文化。其次，"飞龙"很容易就让人联想到"飞龙再生"这一词语。香港素有"东方明珠"之称，而 1997 年的金融危机对香港的经济产生了重大影响。正是基于此种背景，香港政府重塑了香港的国际城市形象，使香港这条亚洲巨龙重新腾飞于世，焕发出新的活力。香港将自己的城市品牌形象定位为"亚洲国际之都"，使香港变得更加开放和国际化。随着城市品牌形象的创立，香港的旅游品牌标志也开始出现。香港经历了历史发展的积淀和融合文化的凝结，才定义了香港的城市品牌的本质。经过很长一段时间，香港品牌从最初的设想到最后的呈现才得以实现，由调查公司在国际范围内对香港的形象展开调查，为了了解香港城市形象的优势和劣势，以便能够准确定位香港城市品牌形象，这在导入城市品牌的视觉识别上发挥着重要的作用。

在城市品牌形象和精神理念的基础上对城市品牌进行定位，城市品牌的外在表现形式就是城市品牌的视觉识别。只有当城市文化与城市现有功能处于一种和谐的发展状态时，才能充分发挥出城市品牌的独特魅力。如北京、大连、青岛和香港这些城市，在城市品牌形象建设过程中都取得了突出的成绩。除了上述城市，在建设品牌形象过程中，还有很多其他的城市，他们的思路和策略值得学习和模仿。

首先，在城市发展规划中，他们把城市品牌形象也看作非常重要的一个部分。在对城市进行包装和设计时，自觉地导入城市形象，以达到寻找城市可持续发展的途径的目的。通过提高知名度的手段来推动区域经济和文化的发展，避免了在很长一段时间内，城市以某种无意识的自然形态进行发展和规划。

其次，城市形象设计进行的基础在于定位城市文化的风格和属性，而城市的地域特征、历史特征、传统特征、社会需求、城市功能是城市个性形象的主要来源和主要构成因素。文化内涵和风格特征融入城市形象的规划设计中被多次注意和强调。

由此可见，在定位城市品牌时，一定要与城市历史文化的精神内涵相结合，并把文化性格和文化内涵凸显出来。只有当一个城市品牌继承了其一直以来存在的特色，吸收了其历史文化的养料，并且持续提升和美化自己，才能发挥出其特有的魅力。

鉴于上述情况，我们应注意以下三个方面：

首先，要认识到城市形象导入的概念，但城市的视觉形象系统与企业的视觉形象系统并不完全相同。在城市形象建设中，只关注城市视觉系统，对城市概念和行为的指导表现出忽视行为，只关注"面子工程"，这样的做法都是错误的。我们认为城市形象实质上是一项系统工程，其核心是提高城市居民的各种素质。

其次，塑造一座城市的新形象是让越来越多的观众看到城市的一种方式，这样城市本身就能提高城市的质量，使公众对自己的城市形象有不同的理解，同时将其识别并升华为一种尊重和信任的感觉，从而使城市居民感到一种信任感，使居住在城市之外的群体能够感受到来自城市的信任和关心。

从古至今，多元化的文化遗产是每个城市一定会具有的遗产，在塑造城市形象的过程中，挖掘资源时一定要秉承着扬长避短的原则。在挖掘历史文化资源时，必须创造出独特的、不可替代的、可持续的城市文化主体，还要创造出垄断性资源的文化主体，并将其踵事增华。从而，在城市形象设计过程中，城市的地域文化资源被视为核心竞争力。在这个层面上，城市形象设计的意义不是普通的客观设计过程，而是一个需要社会全体成员参与的创新革命。

最后，城市形象是一项复杂的系统工程，不可能一蹴而就，一定要依靠完善的概念系统、行为系统和视觉系统设计出一个完整的城市形象。其中的视觉形象设计也是一个不断的宣传和设计过程，从城市形象的基本要素识别到应用系统的实施。因此，有必要建立一个全面系统的介绍体系，负责城市形象的设计和建设，城市的每个成员应该就城市理念达成共识，应该担任起城市的倡导者、实践者和创新者的角色。正是通过塑造城市内外形象这一举措，才能使城市的哲学、行为和视觉形象系统不至于一落千丈，才能真正树立一个良好的城市形象。

总之，在打造城市品牌视觉形象的过程中，第一步要做的就是对现有城市资源进行清点整理；第二步要做的就是明确城市品牌形象的定位；第三步要做的就是借助聚焦法这一手段使人们看到城市品牌的优势。巩固现有城市形象。接下来，我们将分析城市的视觉形象识别符号系统以及在城市的设计中的基础应用系统。

（二）地域文化与城市品牌视觉识别系统

在一个城市品牌中，视觉识别系统实际上是城市的外观。这种形象层次是作为城市的外部元素呈现的，它因其显著的形状、外观、体积、面积、颜色、结构等而给人留下视觉冲击。在城市品牌建设中，视觉识别设计发挥着独特的影响。人类获得的83%的外部信息源于视觉作用，是受众对视觉识别设计信息的最直接的感受。同时，视觉识别设计具有最广泛的传播渠道和灵活多样的内容。它基本上不受观众欣赏水平的影响，如果设计的合理，一些理解能力不强的观众甚至更容易理解其内涵，并且会对图形等信息记忆犹新。因此，在设计视觉识别过程中，我们必须确立品牌设计的战略思想，可以概括为准确的概念传达、强烈的视觉冲击、独特的识别记忆这样三点。

道路交通景观、旅游景观、商业景观、建筑景观、文化景观等，这些都可以作为直接表现城市品牌的独特景观以及城市品牌特色的基础。城市设计一个或几个高度个性化的视觉景观，是给予城市的视觉形象的强烈感觉所需要的一切。在上海外滩，一个标志性建筑景观就是上海的"万国建筑群"；在沈阳，这座城市中辉煌的故宫、繁华的商业步行街已成为沈阳的美丽景观；在北京乃至整个中国，肃穆庄严的天安门广场早已成为中华视觉特色。天安门广场上令人瞩目的升旗仪式，具有苏式风韵的小桥和流水，济南交警的英勇风姿，哈尔滨闻名的冰雕技艺，沈阳广场上的歌舞，这些都是城市视觉形象的典型特征代表。

城市品牌视觉识别的设计具有强烈的专业性和直观性，下面主要从国内外城市视觉识别的设计和表现出发，分析和研究城市本土文化和视觉识别的设计表现系统，相关的基础和应用大致涉及以下几个方面：城市标志设计及其延伸，包括城市品牌标志、城市品牌标准语、城市品牌标志与标准语的结合体；城市品牌识别体系的色彩规划、城市品牌视觉识别的辅助手段；城市品牌广告的某些方面，如交通工具上的广告、户外广告；城市基础设施，包括交通指示牌、路灯、座椅、地铁、公厕等基础设施；城市纪念品，如旅游景观、人文景观；大型城市活动和城市政府法律机构以及企业的形象。

1. 城市品牌视觉形象识别基础系统

（1）设计和延伸具有集中地域文化的城市特色标志

黄鹤楼是武汉的城市地标、岳阳楼是岳阳的城市地标、六和塔是杭州的城市地标。但并非每个城市都有城市标志。从另一个内容上来说，可以选择城市的市花、市树等作为城市符号。此外，具有地域文化特色的象征性符号设计也开始被部分城市设计采用。

无论是从创意设计的诞生角度，还是从城市品牌宣传的实际应用角度来看，香港城市品牌标识均得到了市民的全部认可，这也表明了人们对香港飞龙图腾、文字、色彩具有极大的认可度。接下来，我们来对它的标志设计进行研究分析。

首先，在图形上，香港二字被巧妙地设计在了标志里，而且香港的英文缩写H和K元素也被设计到其中，这种东西方文化的融合将香港的城市特色表达得淋漓尽致。从标志中可以感受到无穷无尽的活力，它充满了创新精神和进取精神，充满了浓厚的时代气息。

其次，在标题设计上，亚洲国际都会的称号与核心标志的设计相融合，对香港城市品牌的定位作出了进一步的肯定。此外在设计标志时，以红、黄、黑三色为主色调，这代表着中国的传统文化。城市标志是城市形象的象征和体现，在某种程度上展示了城市的发展理念,也可以把它直接看成是城市的旅游标志或文化象征,为城市经济的发展作出贡献。因此,一个好的城市符号应该具有文化符号的特征,能够满足公众的共鸣感知,反映城市人的独特心理。

(2)城市视觉识别色彩系统提升地域文化吸引力

色彩本身有一个特点是第一视觉,色彩一直是一个第一时间吸引人们视觉焦点的属性。在城市环境中,色彩甚至可以作为一个城市的第一道风景线。色彩可以突出城市的历史背景和风土人情,具有突出的视觉特征。当我们经过一个城市时,城市中的建筑和环境是感官第一个接触的物质。从人的感官角度看,城市的个性由城市的色彩来表达。一些自然环境下的颜色是明亮的,如蓝色的海洋,黄色的沙漠,绿色的森林,或者热带的红色,寒带的白色。但是,如果城市的颜色仅仅只用这些自然环境特征色来表示,还是会出现相似性。例如,世界上临海的城市有许多,它们可以被称为蓝色城市。不同的城市会有不同的颜色特征,因此要抓住城市所特有的其他色彩资源。对于每个城市来说,不同的历史文化传统,会对城市色彩造成不同的影响。

例如,上文中既有关于地域文化特色的论述,也有涉及城市品牌视觉形象的论述,其中都对苏州、厦门等城市的色彩规划与设计进行了定位。对苏州而言,我们关注的是江南水乡的抒情、细腻和温柔的意境,它的色彩定位主要为淡灰、米色、青色等朴素典雅的特色;而在厦门,色彩规划则概括为清新、生动、深沉的底色,它的色彩规划以蓝色和砖红色为主,将闽南传统红砖文化与沿海休闲融为一体。又如广州,一个靠近海边,靠近北回归线的城市,日照时间很长。清代或以前的岭南传统建筑如今在广州很少见到,更多的是西式建筑,还有一些东方与西方相结合的骑楼式建筑。这类建筑的色彩呈现出粉彩画效果,以油漆来制成。因此,我们可以把广州的色彩特点概括为明亮、鲜艳、饱满,以石灰黄、绿色等色彩为主要象征。这种颜色有很强的光感,在广州可以感受到阳光明媚、四季花城的色彩画面。在现代城市中,城市品牌色彩系统的定位,是城市视觉形象的重要组成部分,应该想方设法利用精巧的手段来传达,使每个城市的色彩系统既要有地方审美情趣的特征,又要使城市形象有明显的识别性和代表性。

(3)含有象征性地域文化的城市视觉形象辅助图形

为了使品牌视觉形象更加丰富和充实,可以借助辅助图形。在有了标志以后再添加上辅助图形设计，它与标志、标准色和辅助色相辅相成，具有双重作用。一个作用是在实践中，标志可以使视觉实现丰富的效果，另一个作用就是具有统一视觉形象的作用。它能够正确塑造出最具代表性的品牌视觉形象，建立公众认知的社会共识。一方面，可以从标志的设计元素中直接提取辅助图形的设计元素，另一方面，也可以从品牌整体形象建设的理念中提取，但要注意设计理念与表现手法的统一或设计创意的延伸，因此具有较强的灵活性。

需要注意的是统一设计理念与设计表达，不能忽视增强设计创意的表达，这些都是比较灵活的。

辅助图形主要是用来匹配城市品牌标识和城市吉祥物的基本图形或图案，用于城市品牌的识别和传播。城市是一个由人组成的集体，因此，在设计城市品牌视觉形象的辅助图形时，要站在公众的立场，为公众考虑，使图形设计更加亲切、生动，在进行城市标志等宣传活动时，给予人们对地域的归属感，显得尤为重要。丰富而深厚的地域文化始终是城市品牌辅助图形设计的参考之源。在时间与空间凝聚的城市上空中，同样的象征理念总是有多重的指称，这就要求我们从城市浓厚的地域文化中寻找最具代表性的平面设计思想来源。当然，城市品牌视觉识别辅助图形的设计是视每个城市品牌形象宣传的需要情况而进行采用的。重庆市城市品牌视觉识别辅助图形的设计就是从其标志设计文化中提炼出来的，以象形文字为元素的组合图形，应用在城市标志宣传海报的设计中与标志图形相融合充分传达了重庆市的文化根源、民族性格、人民生活与环境地理。

城市品牌视觉识别的辅助图形设计是要与城市整体的自然、社会历史环境氛围相协调的，并尽量做到适合在多种载体上进行城市品牌形象的应用和传播。

2.城市品牌视觉形象识别应用系统

在建立了基本的城市品牌识别符号体系后，有必要对品牌形象识别应用体系进行规划。这种规划应因时、因地制宜进行，不同的城市有不同的发展程度、规模和经济实力，因此在城市品牌视觉识别时，具体操作措施也有很大区别。要从城市本身的实际情况出发，综合考虑，分阶段进行。城市是人类特有的聚居地，不同的城市也会存在许多相同的地方，无论是世界上的东部城市还是西部城市。下面，我们先从城市品牌视觉识别实施的共性因素来进行分析，总结出一些普遍性运用的载体和媒介物，然后才能在具体城市的品牌视觉识别设计时具体选择和运用。城市品牌基本识别符号体系在城市中传播和应用的途径和要素概括如下：

（1）与地域环境融合的城市品牌广告

城市品牌广告是指利用现代各种传播媒体作广告宣传。根据媒体的类型可以划分为主要五大类：报纸广告、电视广告、杂志广告、互联网广告、户外广告。取决于不同媒体的各自特点以及城市品牌和城市发展的不同阶段，任何种类且有效的广告形式都可以有目的、有计划地被使用。例如，电视广告和报纸广告等具有周期相对来说比较短的特点，因此，可以选择在一段时间内专注于一个全新的城市品牌的发布，这将更加有效。网络广告和户外广告具有持续时间较长的特点，有必要在一段时间内定期地对相关的传播内容进行更新，以不断吸引人们的关注，达到加强城市品牌形象传播的效果，如公交车身广告、公交车站海报等。

（2）以人为本的城市基础设施

城市基础设施在城市中非常常见，是城市建设中不可或缺的环境设施，如城市公用卫生间、地铁充电桩、路灯、便民座椅、便民垃圾桶等，还包括一些为市民和乘客服务的城市地图系统、城市定位功能系统、道路识别系统、照明系统等，这些城市基础设施的建设给人们的生活带来了便利，在判断一个城市基础设施水平和程度上可以以此为标准。以城市的照明系统为例，亮起来只是一个基础，更要注意灯具的颜色。城市之间有很大的差异，街道与街道之间也应该有差异，但这些颜色要在展现城市的精神和性质方面保持一致，讲究一个共同点。在交通道路和城市街道上，区域视觉导向设计的应用也要发挥出至关重要作用。它在社会交通、区域划分、人流分布以及人们的生活方面有着很大的影响力，在很大程度上方便了人们的城市生活，是城市核心竞争力提高的重要影响因素。例如，日本大部分城市已经具备了完善的地图系统，地图系统的制作原料采用的花岗岩，以平铺的方式附着铺在地上。出于识别不同路线的目的，以及为了出行和管理更加便捷，日本在道路识别系统方面，实行了道路编号系统，一般情况下，道路路线编号主要分为两种：一种是国道编号，另一种是都道府县道编号。出现盾形标志则表示的是国道编号，正六边形标志则代表着所有道路县的道路编号，让人一看就知道怎么开车。

（3）以城市形象为载体，体现区域文化的影响

形象产品作为一座城市的脸面和名片，在一定程度上可以说是一座城市走向

国际的通行证。它是一种具有代表性和象征性的产品，被某一城市或某一地区赋予意义；同时，也要能够使其所在的城市和地区的居民对其产生深刻的认同和尊敬。赋予特色、赋予情趣、赋予竞争和创新，这些都是新时代对形象产品的要求。通常情况下，人们到外地出差、旅游或探亲访友，都会把自己家乡的特产带给亲戚朋友，并且总是想要把本地的特产带回家，既可以当作纪念，也可以送给亲朋好友。所以，特产在人际交往中一直都很盛行，也逐渐成了人们交流感情的桥梁和纽带。此外，因特产流通速度快、范围广、数量多等优点，可以将其作为一个最佳的城市品牌形象识别的载体。因此，积极开发这些城市形象产品并对其外观进行包装和宣传设计，将会对城市品牌视觉形象的传播产生良好的影响。根据以上归纳，可以大概将城市形象产品分为如下几类：

传统名牌产品：这是最具代表性的一种形象产品，如北京烤鸭、苏州刺绣、杭州丝绸、景德镇瓷器。在漫长的历史长河中，精巧的手工艺和广泛的影响力，使这些闻名遐迩的产品逐渐成为一个城市的标志。

地方特色产品：主要是指一些在特定地域范围内具有较大影响力且具有较大市场的产品。由于生产限制，只能在本地产销的工业、农业产品，以及由于生活习惯的限制，仅能成为本地人民所需要的手工艺品、生活用品等，这些都属于地方形象产品的一大类。

文化创意产品：这也是一类较为特殊的资源性产品，相对来说它更侧重于产品本身的创意以及其所蕴含的历史文化意蕴，如香港回归纪念币，青岛"五月的风"微型雕塑，就是扎根于地方历史文化意蕴中的典型形象产品。从未来城市生活的发展需要与情趣角度来看，这类产品应该具有广阔市场前景。

资源开发产品：吉林人参、大同煤炭、歙县墨水等，它们依托独特的时间、空间、地域条件，结合当地人民的勤劳与智慧，形成了独特的历史名牌产品。

（4）体现地域文化凝聚力的城市标志性景观

城市景观的组成系统包括：主体景观系统、节点系统、活动系统、道路景观系统、空间符号使用系统、空间景观要素系统、方向标识系统、城市轮廓系统、旅游观光系统、高度系统、历史传统景观系统、自然风貌系统等等。其中，地标性景观体系是备受关注的一类，它是指具有"之最"和"唯一"特征的城市地标或地标性建筑。在特定的时间和特定的地点，一个有代表性的建筑或一个有象征性的景观可以成为一个城市的象征。举例来说,人们一提起巴黎,就会联想到凯旋门、埃菲尔铁塔;一提到北京,第一印象就是故宫、天安门或长城;一提到西安,浮现在人们脑海的是大雁塔;一提到上海,大家就会想到了外滩、南京路、金茂大厦、浦东陆家嘴、东方明珠。这些代表着一座城市品质的地标建筑都会成为城市的形象标识。上海之所以如此繁华,是因为它的国际经济贸易,更重要的是上海的文化比亚洲其他的城市优越,它真正的价值是它所具有的独特的人文气息。例如,上海的里弄文化、电影文化、建筑文化、租界文化、名人文化、外滩文化、语言文化、服装文化、市民文化、博物馆文化、老字号文化、广场文化,这座城市的文化有显著的稳定性,在城市视觉形象中,其所反映出的城市景观与政治、地域文化和历史意义都是很密切的。

而近年来,许多城市常常把建造广场、建筑、雕塑等作为城市的"标志性",因此丧失了自身的特点,变得千篇一律。悉尼歌剧院和苏州美术馆等地标式建筑,既是对这个城市的灵魂和地域文化的深刻理解,也给人一种经久不衰、令人过目不忘的感觉。

所以,在城市品牌策略中,城市标志性景观是一种对城市品牌进行视觉识别的方式,可以以城市品牌的定位、理念及识别符号形象为依据来选取一些形象元素,对城市标志性景观进行设计和建设,从而打造出一个城市独有的标志性景观。

(5)综合地域文化特色的城市大型活动

在塑造城市形象的过程中,要重视将城市的文化资源进行整合,创造出适合于大众市民文化和社会发展的交流活动。此外,在活动的城市内部和城市之间的区域宣传中,进行传达视觉信息的时候,要注意将当地的文化特点凸显出来,从整体上对城市品牌的形象进行提高,努力打造出一种具有城市特色的品牌文化。

城市所举行的重大活动,如经贸交流活动和文体艺术活动,都是城市与外界进行经济和文化交流的良好机会。通过举办大型活动,努力提高城市的知名度,在城市的形象提升,城市环境和气氛的美化方面具有推动作用,对于城市国际化发展具有深远的影响,在城市自身品牌的发展方面起到了加速的作用。

第三节 "可持续发展"对城市品牌形象的提升

一、城市可持续发展的内涵

对可持续发展理论的形成和推行起关键性作用的是1983年成立的世界环境与发展委员会,该组织于1987年提交了一份题为《我们共同的未来》的报告,其中正式提出了"可持续发展"(Sustainable Development)的概念。报告中指出:"可持续发展是既满足当代人的需要,又不对后代人满足其需要的能力构成危害的发展。"[①] 国内外专家纷纷预言,21世纪将是一个绿色世纪或生态化世纪,追求城市的可持续发展是必然趋势。可持续发展的主要内容包括:

(一)生态环境可持续发展

生态环境是人类生存和发展的物质基础,人类的物质生产资料、生活资料都来源于生态环境和自然。美国芝加哥学派生态学家们认为,人类和所有其他生物一样,都存在于一定的自然环境之中,这个环境是变化无常的。当环境条件发生变化时,社会就会失去原有的平衡,而不平衡一旦发生,城市社会就会出现混乱。由此可见生态环境对城市的重要价值。21世纪将是一个生态化的时代,生态文明是城市文明的主导。人类已经意识到与生态环境和谐相处的重大意义,人类必须学会尊重生态环境,保护自然,实现水、土等自然资源的保护与可持续利用,实现固体废物无害化管理,创造清洁的生态环境,加强生态环境系统的生产能力和更新能力,为城市社会的可持续发展创造生态基础。

(二)经济可持续发展

可持续发展的核心是经济发展,把消除贫困作为实施可持续发展的一项不可缺少的条件是人类社会的永恒主题。要实现经济可持续发展,就要制定可持续发

---

① 世界环境与发展委员会著.我们共同的未来[M].王之佳,柯金良等,译.长春:吉林人民出版社,1997.

展的政策，鼓励循环经济的发展，积极推行清洁生产，提高能源的利用效率。只有经济发展了，才能为人类社会的整体发展创造条件，才能摆脱贫困和愚昧。

（三）社会可持续发展

社会可持续发展也包括多个层面，如人与人之间的关系、阶层与阶层之间的关系、组织与组织之间的关系等，这些关系的和谐、平等是城市社会可持续发展的重要内涵。实行计划生育、控制人口数量、提高人口素质也是社会可持续发展的内容。社会可持续发展还包括人们的生产方式和消费方式，要改变传统的浪费的生产方式和消费方式，培育循环型的生产方式和消费方式，生产方式和消费方式要与地球承载能力保持平衡。可持续发展的目的就是创造美好的生活环境，从而实现社会的可持续发展，改善和提高人类的生活质量。

很多学者研究了城市可持续发展的问题。约瑟夫·史密斯（Joseph Smith）在指导美国南加州文图县的城市发展时，提出了城市可持续发展的8条生态规划原理。理查德·V.耐特（Richard night）专门研究了城市可持续发展与宜居城市的问题。昂斯（Onishi）认为，城市可持续发展是一个城市不断实现其自然潜力的过程，目的是要建立一个以生存容量为基础的绿色花园城市。①

中国学者在这一研究领域也进行了广泛的研究，如著名的生态学家马世骏、王如松曾经提出"社会—经济—环境"复合生态系统理论，从生态的角度对城市可持续发展做了阐释。

城市要实现可持续发展，就要改变传统的经济社会"重增长、重速度而轻发展、轻环境"的发展模式，要协调好城市经济、社会、文化发展和城市环境之间的关系，注意资源节约和环境保护，研究城市区域的环境、资源承载能力，进行合理的人口规模定位、空间规模定位、主导产业定位，实现城市的可持续发展。

城市可持续发展的概念认为城市在满足经济和物质目标的同时，还可以满足政治、文化、社会的目标，追求经济发展的生态效益、经济效益和社会效益的有机统一。一个可持续发展的城市包括："一是可持续的城市经济——创造就业与财富；二是可持续的城市社会——保证社会的和谐与发展；三是可持续的城市居住——为居民提供良好且可支付的住房；四是可持续的城市环境——建立稳定的

---

① 张鸿雁，张登国. 城市定位论：城市社会学理论视野下的可持续发展 [M]. 南京：东南大学出版社，2008.

生态系统；五是可持续的城市交通——建立资源保护型的城市通达系统；六是可持续的城市生活——建设生动活泼的城市；七是可持续的城市决策——赋予城市居民应有的决策参与权。"[①]

二、城市可持续发展与城市品牌形象的关系

在城市经营的研究中，探讨可持续发展概念的较多，许多学者都认为城市经营旨在实现城市的可持续发展，但是在涉及城市营销和城市品牌的研究中，多着重于发展城市经济、提高知名度、赢得竞争力等短期目标。城市品牌建设实践中也存在着重抓经济建设、形象工程、品牌知名度，却忽视城市经济社会以及环境协调和谐发展的现象。城市品牌的塑造与城市的可持续发展也存在关联。

（一）城市品牌是城市可持续发展的外部表现

城市可持续发展是指在一定的时空尺度上，以长期持续的城市增长及其结构变化，实现高度发展的城市化和现代化，从而既满足当代城市发展的实现需要，又满足未来城市的发展需求，它包括城市经济、环境、社会可持续发展三个系统，具有区域性、综合性与层次性。其中，城市经济可持续发展是条件，环境可持续发展是基础，社会可持续发展是保证。

城市品牌这一无形资产能够给城市的发展带来良性循环、品牌知名度和美誉度的提升，可招揽更多的投资，从而促进区域经济的发展；品牌个性在与城市文化和城市精神的交融中得以彰显和升华。城市公民在强烈的品牌归属感下创造出新的文明。如同一个成功的产品或企业品牌具有强大的生命力一样，一个卓越的城市品牌也能够促使城市挖掘自身潜力，突破发展瓶颈，赢得超越竞争者的竞争优势，从而实现经济、文化、环境等方面的和谐发展。

因此，可以说城市品牌是城市可持续发展的外部表现，它直接体现了城市可持续发展的程度。

（二）城市可持续发展是城市品牌的最终指向

城市品牌既然是城市可持续发展的外部表现，那么反过来，实现城市的可持续发展就是城市品牌塑造的最终意义所在。城市经济的发展、城市形象的塑造、

---
① 张鸿雁. 中国本土化城市形态论[J]. 城市问题，2006（8）：2-9.

城市知名度的提高等都只是城市品牌塑造的阶段性目标，只是实现城市可持续发展道路上的一个个步骤。如果把过程、步骤视为最终目标，必然会出现目光短浅甚至歪曲理解等现象。将城市可持续发展纳入城市品牌的视野和范畴中，无疑赋予了城市品牌战略一个全局视野和全新高度，也赋予了其新的内涵和本质。

此外，城市品牌也要实现自身的可持续发展。在品牌学理论中，品牌的成长过程可分为导入期、推广期、成熟期、衰落期四个阶段。城市形态也有五种演化模式，即开放型城市、成长型城市、停滞型城市、衰退型城市和濒危型城市。城市可持续发展是一个终极指南，它可以让城市品牌不没落于城市沧海桑田的变化之中。

三、城市可持续发展实施路径

（一）做好城市定位

城市定位对城市可持续发展的促进功能主要体现在以下四个方面：

一是城市定位可以促进城市经济的发展。城市定位通过创造新的空间区位，可以形成新的发展位势，激发城市发展的潜能，凝聚城市发展的力量，促进城市经济的发展。城市定位通过创造新的城市品牌，可以形成新的城市文化资本力量，创造城市经济发展不竭的动力源。

二是城市定位可以促进环境的保护。例如，威尼斯，它的城市定位为"水城"，水是威尼斯的灵魂，要想维持和发展威尼斯"水城"的城市定位，必须保护好水资源，防止水污染，防止破坏威尼斯"水城"的形象。再比如"生态城市"的定位，生态城市就是在保障经济持续增长的同时，城市还要有合理的产业结构和合理的经济增长方式。生态城市讲究集约式经济增长方式，主要依靠科技进步、提高单位资源使用效率、降低能耗、减少污染等手段来推动经济增长；生态城市讲究城市经济系统和城市生态系统协调发展和良性循环发展，生态城市注重循环型经济的发展。

三是城市定位可以促进城市资源的节约发展。例如，某城市可以定位为"高科技产业城市"，高科技是城市的主导产业和发展的动力源泉，高科技本身就倡导资源的节约利用和高效运转，能够以最小的资源消耗获得最大的经济收益，提升城市的产业层级。

四是城市定位可以促进市民形象的转变。一个科学的城市定位必定是得到广大市民认可的定位,一旦得到广大市民认可,就能充分调动市民的积极性,凝聚人心。这一过程对人们的文化素质、道德水平、文明观念等都会产生巨大的冲击,使人们逐渐树立起可持续发展的意识,进而促进城市可持续发展。

城市定位成功塑造了城市的品牌,促进了城市的经济、社会、文化、产业、精神诸方面的综合发展。

科学的城市定位是对城市属性、产业、文化、形象、功能等的正确界定,在科学的城市定位引导下,可以对城市的未来发展战略、公共设施的规模布局、城市空间的合理分区、城市产业的合理规划、城市文化的引导等起到指导作用,避免重复建设,避免资源浪费,减少城市经营成本,提高城市投资效益,促进城市经济发展。

城市品牌最核心的宗旨是要挖掘城市的商业价值,品牌经营的最终目的是持续不断地创造巨大的经济价值。摩纳哥是一个专门定位于游玩业的国家,位于法国和意大利边界附近、地中海悬崖边,人口不到3万,但是每年接待的游客人数是自己人口总数的10倍还多。摩纳哥有世界最著名的F1大赛车的赛车道,有世界上最有名的赌场之一、被称为赌城的蒙特卡罗赌场,有世界最大的海水浴场,还有一年四季不断举办的各种赛马节、礼花节、杂技节、电影节、音乐节、体育赛事等。不管什么季节,都可以在摩纳哥看到世界各地游客的身影。摩纳哥定位于游玩业,这样独特的定位使它变成了闻名世界的旅游胜地并直接带动了城市经济的发展,赛车、海水浴、最大的海洋博物馆,还有各种各样的游乐活动,吸引了世界各地的游人。据统计,摩纳哥每年接待的游客人数在25万人以上,旅游业收入占国家收入的一半左右,直接对城市经济的发展作出巨大贡献。[①]

(二)人与自然和谐为本

在促进城市财富增长、经济发展的同时,城市定位也追求人际、社会关系的和谐,追求城市社会的发展。

1. 创造城市名片价值

现代社会是"眼球"经济时代,人们需要牢牢地抓住他人的心理,吸引他人

---

① 黄景清.城市营销100[M].深圳:海天出版社,2003.

的眼球，才能"鹤立鸡群"，才能有较高的社会知名度。城市也一样，通过别出心裁的城市定位，创造一种"鹤立鸡群"的城市形象，提高城市的社会知名度。而城市的社会知名度本身就构成了城市可持续发展的文化资本动力，取之不尽，用之不竭。一般的社会知名度高的城市都有一个科学、准确的城市定位，如"水上之城"威尼斯等。

城市定位清晰准确，有利于城市整体形象的营销，有利于提高城市的社会知名度，使国内外各界对城市的文化、经济、资源、环境等基本情况一目了然，牢记于心。潍坊是驰名中外的"国际风筝之都"，每年的风筝节给潍坊带来了很高知名度，架起了潍坊走向世界的桥梁，促进了潍坊与世界各地的经济、文化交流。据不完全统计，历届风筝节共有600多个海外代表队参加比赛，海内外来宾超过20万人次，使潍坊走向全国，走向世界，发展成为举世闻名的世界性城市。[①]

2. 结构性缺失的弥合与建构

城市定位是城市差异化功能的体现，不同的城市定位体现了不同的城市功能。城市定位就是避免形成与竞争城市的相同功能，尽量寻求差异化的功能体系，体现城市分工的需求和功能互补。这样的城市定位可以形成与其他城市良性互动、功能互补的城市分工格局，从而建立一种城市之间的友好关系，避免城市之间的恶性竞争和过度竞争，有利于城市与城市之间社会关系的和谐。例如，长江三角洲城市群内，上海是国际化大都市，是经济金融中心，苏州则利用与上海空间距离的优势，提出建设上海的"后花园"这一定位，实施与上海的错位发展，承接上海的外溢产业和功能，并为上海居民提供休闲与度假服务，从而实现城市与城市之间社会关系的和谐发展。

3. 创造结构推动力

科学的城市定位可以增强城市的凝聚力、向心力、吸引力和竞争力，提高市民对城市的认同感、归属感和荣誉感，可以把市民的命运紧紧地与城市发展联系起来，促使市民为城市的发展作出贡献，从而增强城市的凝聚力。城市凝聚力可以有效促进城市内部整合，使社会民众团结一致，共同为城市的发展贡献力量。

---

① 张鸿雁，张登国.城市定位论：城市社会学视野下的可持续发展[M].南京：东南大学出版社，2008.

香港"亚洲国际都会"的定位是经过科学、严密的程序设计的，准确反映了城市的历史、文化、资源等状况，得到市民和国际社会的广泛认同。经过近几年的发展，香港呈现出一派欣欣向荣的景象，"亚洲国际都会"的城市形象定位更加深入人心，这与城市内部社会整合机制密切相关。

4. 社会口碑的力量

城市定位的落脚点在于促进社会进化与社会进步，在于构建城市的社会满意系统。当代社会结构的整体变迁，既有城市人的社会地位和社会身份的变迁，又有城市结构、城市功能的变迁，而且城市从立体到平面的结构都发生了全方位的变迁。在封建社会中，城市是统治者的附属物，城市存在本身是为统治阶级服务的，城市中的官邸和城市私家花园等是为少数群体服务的。进入工业化时代以来，城市的建设首先是考虑如何为全体市民谋利益，要考虑城市建设与子孙后代之间的关系，考虑城市的生态结构与其他城市的关系，考虑与其他国家城市的关系。城市存在的价值是社会整体——市民社会的整体利益，集中表现为城市社会整体财富的公共利益性。因此，城市的品牌建设主要强调城市存在的责任、城市存在的道德意义，强调城市生态道德与历史使命。

5. 管理决定效率

城市定位有利于加强城市社会的管理，有利于完善社会管理的机制，如"宜居城市"的定位，就是希望城市居民生活方便、舒适、惬意，要达到这样的生活目的，就必须加强对城市交通、水电气供应、医疗、娱乐、休闲设施、空间、市容市貌等的管理，提高部门运转效率，为宜居城市的建设提供支持。为支持"宜居城市"的定位，城市还可以颁布各项法规、政策和制度，提高城市社会管理的效率，促进城市社会的发展。

第四章　城市品牌形象的提升路径

本章为城市品牌形象的提升路径，主要从四个方面进行论述，分别是景观、建筑对城市品牌形象的提升，公共艺术空间对城市品牌形象的提升，城市环境对城市品牌形象的提升，城市"非遗"老字号品牌创新。

第一节　景观、建筑对城市品牌形象的提升

一、地标建筑与景观

（一）地标建筑与景观的界定

地标是指某个地方具有独特性的建筑物或者自然景观地形，具有一定的影响力和标志性，与周边的环境有明显突出的区别，能够让人很容易记住并识别出来。地标建筑与景观可以作为人们自身所处位置的参照物，通过它们可以认出自己身在何方，具有公众指示和"航标灯"的作用。例如，摩天大楼、体育馆、博物馆、纪念碑、广场、钟楼、教堂、雕像、水坝、灯塔、桥梁等公共设施。地标的含义体现在物质和精神两个层面，是整个建筑群的主角，有明显区别于其他建筑的特点。

城市景观是人们所看到的城市构成要素的外部形态特征，由街道、广场、建筑物、园林等构成的视觉层面的印象是城市中局部和片段的外观。不同地貌、时间、人文都会构成不同的景观，如自然景观、城市景观、乡村景观、日景、夜景等。特定时期或风格的建筑群和具有重要生态作用的自然环境区域等一些有特殊价值的历史、人文、自然景观往往会受到政府保护，一些地区为了保护这些景观，会限制建筑物的高度和造型，以免对景观造成破坏与损伤。城市景观要素主要包括自然景观要素、人工景观要素和社会景观要素。其中自然景观要素主要是指自然风景，如山丘、树木、河流、湖泊等；人工景观要素主要有文物古迹、园林绿化、商贸集市、广场等；社会景观要素主要指该地区特殊的民俗、仪式、庆典等对游客具有吸引力的独特生活方式。

（二）地标建筑与景观的作用

1. 地标建筑、景观是文化的载体

城市文化必须借助一定的载体来实现，地标建筑与景观能够很好地传递城市

的文化气息，反映城市的特色与风采。建筑与人文、自然景观都是文化不可或缺的组成部分，地标性建筑与景观是构成该地区独特自然、文化风貌的重要标志性"符号"。这些符号往往是城市经过历史的积淀选择或"生产"出来的，是这个城市对外形象传播的标志。美国著名的建筑学家弗兰克·劳埃德·赖特就曾经提出，地标性建筑的设计可以是这个城市在历史发展过程中的一个符号，这个简单的历史符号通过建筑设计的运用，转化成为这个城市的地标性建筑，体现出一种抽象与具象的内在相容性。而反过来说，这些"符号"也影响了城市对于自身形象的定位与建构。比如说，西湖、吴山这些历史景观是杭州的形象符号，杭州的山较低，西湖的水面平静，这样的自然景观就形成了杭州温婉秀美的城市形象。现在杭州规划建设了现代摩天建筑群，其中制高点是高度达到310米的"杭州之门"，刷新了杭州建筑之最。杭州希望在休闲、宜居、传统文化名城这样的品牌形象之外，通过这样的新地标建筑群塑造现代的、向上的、具有拼搏精神的新杭州城市形象。

2. 地标建筑、景观是旅游凝视的目标

当旅游者来到一个城市之后，一般都会到著名景点也就是地标建筑与景观处参观、拍照，现在年轻人常将这种行为称之为"打卡"，意思是去旅游必去之地。尤瑞的旅游凝视理论认为，游客会对日常生活经验所缺乏的象征性"符号"充满向往，如独一无二的目标（如法国的埃菲尔铁塔、美国的帝国大厦），特殊的标志（如典型的英国乡村、美国的摩天大楼）等。作为一名游客一般都会拍摄旅游地的建筑与人文风貌，也会在网络上或旅游地接触到各类旅游广告图片等，这些搜集照片与城市标志性"符号"的行为，以及城市"生产"出的旅游凝视的目标事物，都是"旅游凝视"的具体化和有形化。

游客对一个城市的品牌文化感知，最初是通过视觉进行感受，从而形成视知觉，感知城市的整体品牌文化形象。城市品牌文化给游客最直观的感知就是"视觉"上的感知。视觉在旅游发展的特征中占据支配地位，游客一般在旅游城市中停留时间不长，因此，通过最直白的"视觉"感知，再融合"旅游凝视"中"移动感知"的拓展概念，探讨视觉信息在空间中的传达，能够给游客创造一个更容易获取自身品牌文化信息的城市环境，提高旅游城市自身的品牌文化影响力。城市开始力图创造出供游客凝视的目标，以期带来了视觉景观的飞速发展。

实际上，随着信息网络的日益丰富、旅游体验的不断发展、虚拟现实技术的出现，人们旅游的"目的"与"寻找差异性"的概念开始变得模糊。实证表明，随着游客在景区停留时间的延长，视觉优势和象征特性将逐渐减弱。这也就意味着，游客在"凝视"一座城市的时候所接受的对应城市品牌文化的视觉信息会随着时间的推移而减弱，甚至会遗忘。如何让游客在旅游的"移动过程"中保持对城市品牌文化的新鲜感，从而增强品牌文化在旅游凝视中的可塑性，在这个信息化高速发展的时代中显得尤为必要。

3. 地标建筑代表了城市的精神

美国城市规划学家沙里宁曾经将城市比作一本打开的书，从其中可以看到这个城市的抱负，能显现出这个城市的居民在文化上的追求。也有人把城市精神比作一座城市的灵魂，认为它是社会道德与市民素养的综合反映，能够反映市民共同认可的精神价值与追求。对一个城市来说，城市精神对其生存与发展有着巨大的灵魂支柱作用和旗帜导向作用，是城市发展的持续动力源泉。城市精神彰显着一座城市的特色风貌与整体形象，引领着未来发展。

一个地方的自然环境与历史文化塑造了在此居住的人们的性格与精神，同样也塑造了这个地方的建筑风格。假如一个久居南方的人第一次来到北京，可能会清晰地发现北京的建筑风格与南方有着鲜明的差异。北方风格显得非常敦实厚重，这不仅出于对行政中心的权威的表现，还出于建筑的光照、通风、保暖等一系列的考虑，但在旅游者的眼中，却能感受到北京建筑的大气、沉稳，尤其是当他们看到故宫、长城、天坛、国家大剧院等地标性建筑的时候，更会感受到象征着首都北京的符号带来的力量感、庄严感。

二、地标建筑、景观对城市品牌的影响作用

（一）地标建筑、景观与城市感知

地标建筑是身处城市中的人们观察、感知这个城市的参照点，它作为一种地标，经常是人们用来确定空间结构的重要线索。地标建筑与景观最重要的特点是"在某些方面具有唯一性"，是在整个环境中令人难忘的独特风景。例如，布拉格作为著名的旅游城市，虽然城市面积不大，但市内拥有为数众多的不同时期的历

史建筑，首次到布拉格旅行的人们想要快速记住布拉格的旅行路线，就需要把查理大桥、老城广场、天文钟等标志性建筑与景观作为参照物，才不会在错综曲折的道路中迷失自己。

凯文·林奇在《城市意象》一书中研究了人们记忆城市的方式，通过分析三个城市的中心区域的路径、边缘、节点、区域和地标，确定它们与可成像性相关的强度。他认为这五个元素并不孤立地存在于城市中，而是不断地相互影响，区域由节点构成，由边缘界定，其中穿过路径，并由地标点缀。凯文·林奇认为城市中的每个元素都有高或低的可能性，基于诸如形式、颜色和材料的众多因素而被公众记忆，这被称作为可成像性。可成像性是指在物理对象中存在的，使其在任意给定观察者心中都具有高概率唤起强烈图像的特质。虽然每个人对城市的看法和记忆都不同，但具有可成像性的元素能使更多的人对城市持有相似的心理图像。林奇将这些心理图像称为公共图像，路径、边缘、区域、节点和地标是形成心理图像的基础元素。

（二）地标建筑、景观如何影响城市品牌

地标建筑是城市的文化与建筑风格的集中体现，是一个城市向世界表达自己风格的最好媒介，就像是城市的代言人。著名的建筑学家梁思成认为地标性建筑的本质是它所在的这座城市的代表与象征。简森在《世界美术史》中也说过，当我们想起任何一种重要文明的时候，我们有一种习惯，就是用伟大的建筑来代表它。标志性建筑作为一个城市的文化缩影，能够形成差异化的语境和文化背景，有利于旅游者对城市文化产生认同，很多人在潜移默化中通过城市地标建筑与景观感知城市形象，从而感知城市品牌。

地标性建筑往往位于城市重要的位置，尺度宽阔，造型醒目显著，是一个时代建筑技术的最高体现，因而能够带给观众视觉乃至心灵的冲击力，如埃及胡夫金字塔长宽均约为230.35米，高度约为146.60米，被誉为"世界八大奇迹之一"，它不仅反映了古代埃及在数学、天文学等方面的最高水平，也展现了令人不可思议的起重运输和施工技术水平；上海金茂大厦位于陆家嘴金融中心地带，高420.50米，占地2.40万平方米，建筑外观融合了中国传统佛塔造型与现代科技，展现出让人赞叹的艺术魅力，1998年荣获伊利诺斯世界建筑结构大奖；悉尼歌剧

院坐落于悉尼港中心的便利朗角，长 183 米，宽 118 米，高 67 米，其建筑造型远看如船帆，近看如同展开的贝壳，被认为是巨型雕塑式的典型作品，2007 年被联合国教科文组织列入《世界文化遗产名录》。这些建筑都是一个时代文化与科技的精粹，是城市的象征性符号，能够让人看到建筑及相应的符号、照片、文字就能够联想起其所在的城市，实现了城市品牌形象与建筑的紧密关联。

三、标志性景观、建筑案例分析

（一）城市景观

城市景观的外延一般包括由道路、广场、建筑侧立面、园林绿化、雕塑、壁画、数字电子屏等形成的外观景致及其营造的气氛，它体现的是城市建筑和园林的关系，凸显灯光配置及公共设施的适用性，使城市具有自然景观艺术，使人们在城市生活中获得舒适感和愉快感。

通常我们心中的城市，景观是意象的，它往往由街道、公共空间、建筑物等形象在视觉心理上组合而成。城市景观在很大程度上为我们的城市穿上了不同于他人的服饰，以地域文化为骨架，以城市历史为经脉，以城市精神市民意志为血肉穿插其中，互相融合，最终才能形成合适的城市景观，形成并丰富城市形象。

现代城市景观主要包含三个方面：一是要满足人们多样化的生活需要，如漂亮的公共空间、有吸引力的景观小品；二是对自然环境进行保护和利用，创造优美的都市环境；三是城市园林的建筑形式，体现了其独特的民族特色和地域性，人们从景观中可以清晰感受到城市文化。城市景观是构成城市形象重要的组成部分，每一个方面都具有广泛的内容，同时它们之间又有着密不可分的关系。以济南为例，与其他城市相比，其地方性最显著的差异是自然地质构造的不同，泉水的涌动带来了不可复制性，依泉而居，傍水而眠的建筑特色因此形成。

（二）城市建筑

城市建筑是经济社会活动的结晶，是影响城市视觉识别的最基本要素。城市建筑是历史的传承与现代文明的交汇体现，核心内容有空间形态、元素适应、尺度体量、传统与现代、环境共生等方面。标志性的建筑最能体现一座城市的历史文化风貌。其基本特征就是以其简单的形态来唤起人们对它的记忆,就像埃及金字塔、悉尼歌剧院、巴黎埃菲尔铁塔、北京天坛等。

一方面,标志性建筑是一个城市的名片,它除了外形具有独特性外,还蕴含着丰富的文化内涵,是环境、文化、经济、教育氛围等各方面的合力体现;从市场运作角度来看,标志性建筑应该是文化活动、经济活动的一个平台。另一方面,图书馆、博物馆、纪念馆、影剧院、体育场馆等标志性建筑,也是城市不可多得的文化载体。

城市建筑物的外貌,尤其是外墙的造型和装修是城市形象最直接的反映,因而其设计显得尤其重要。在现代建筑的外墙装饰设计中,既有物质性因素,也有人文因素。其中,物质性因素主要包括环境、经济和技术等方面;人文因素主要有历史文脉的影响、人类需要的影响和时代美学的影响等。立面设计的原则主要有以下四点:

1. 经典与传统的时代性原则

经典与传统是时代精神的根基,对其的背离将导致城市血脉的断绝。所以,有选择性地参考经典的永恒价值,并有针对性地继承传统的内在精神,结合时代需求进行有效的整合是建筑物立面设计的首要原则。因为,经典与传统积淀了一个民族或一个地域群体的生活方式、思想观念、技术条件、文化价值以及气候条件等有价值的经验,它是当代建筑立面造型对传统继承的文化基因。

2. 地域性原则

一个城市的建筑特色,来源于对本地区建设资源的充分挖掘和有效利用。广义的建设资源包括自然资源和人文资源。只有在尊重地方自然资源与人文资源的基础上对传统元素与时尚进行有机结合,建筑立面装饰才能体现地域特色文化,使人们在情感上得到一种认同和归属,否则会引起公众的反感。

3. 雅俗共赏原则

尽管在城市里有不同的文化群体,城市建筑立面设计和装饰也可以有不同的风格,但就总体而言,城市建筑的立面设计是针对大众的,是综合社会、经济、技术、文化等诸多因素的设计,要符合人们的生活经验和审美习惯。设计师要从大众的需求出发,体现地域文化群体的意志和观念,而不仅仅是设计者个人观念和情绪的表达。

4. 经济可行原则

设计元素在建筑立面的利用，主旨是体现城市建筑的文化个性，而非成为表达财富和经济地位的象征，更不应成为实现城市"形象工程"的手段。因此，在设计时要从建筑的本质、周边环境、社会经济、技术等方面对建筑的装饰进行合理地定位。事实上，在同样预算投入的情况下，地域元素应用于建筑物立面的成本与一般建筑物立面设计装饰的投入基本相当。

建筑是我们生活、工作、休憩的场所，是城市凝固的文化。例如，北京798创意广场——"798艺术区"前身是北京718联合厂，虽然是废弃的电子工业工厂，但它凝聚着老一代人的劳动和共同的记忆。在众多艺术家扎堆进入798艺术区以后，他们开始租用和改造原有的厂房库房，798现在已经成为中国艺术的一个文化概念，成了当代艺术家们展示自我，表达艺术理念的天堂，也成为北京市具有观光与游览价值的文化场所。它将历史的印迹与艺术的展示完美交融，给人以更为深刻的印象。798艺术区的渐渐繁荣也带动了其周边地区的经济发展，使得整片区域得到了整体的提升。

第二节　公共艺术空间对城市品牌形象的提升

经济强大不是城市品牌影响力的唯一推动力。城市是有温度有人情味的地方，城市品牌形象的提升不仅需要舒适和宜居的生活环境，还需要城市的文化艺术实力、魅力和影响力。城市品牌形象的竞争，其实也是各城市文化艺术实力的比拼。

人们习惯于用博物馆、展览和剧院的数量来简单判断一座城市是否"艺术"。但是城市艺术不是简单的一件艺术品、一个美术馆或者一个名家展览。城市艺术是综合的城市文化景观，而公共艺术是构成城市文化景观的重要元素。公共艺术是城市文化品牌形象塑造中重要的议题，承担着发现城市文脉与灵魂、拯救城市空间断裂、沟通人与城市、推动社会和谐、增强社会认同以及促进文化繁荣等使命，这些使命与城市文化品牌的建构与发展息息相关，公共艺术的蓬勃发展有助于打响城市文化品牌，提升城市品牌价值与影响力。

一、公共空间艺术的"艺术+科技"潮流

未来，城市的发展将朝着数字化和智能化方向迈进，城市品牌形象的应用也将越来越依赖于数字科技。通过新媒体艺术参与城市品牌形象的塑造来展现城市内涵与特征，是城市品牌更新的崭新手段之一。新媒体技术的运用带来的是更加生动的展示方法和更有效的城市形象传播。

芝加哥千禧公园的电子皇冠喷泉是新媒体艺术手段介入城市品牌塑造的经典案例，几乎每篇研究新媒体公共艺术的文章都会提及这件经典的装置作品。皇冠喷泉是加泰罗尼亚艺术家乔玛·帕兰萨（Jaume Plensa）设计的，高15.20米，是一座装有发光二极管（LED）的玻璃砖塔楼，塔楼上的电子屏幕循坏播放芝加哥1000位市民的笑脸，水柱从电子屏幕中市民的嘴里涌出，形成一条小瀑布，流入到由黑花岗岩石制成的倒影池中。这件新媒体雕塑装置摆脱了传统市中心雕塑"高大威严"的形象，它虽然体量够大，引人仰望，但因为灵活运用新媒体技术而显得格外亲切，成为芝加哥市民夏日戏水的乐园，同时，它用一张张笑脸，代表着芝加哥市民欢迎世界各地的来客，展现了热情和开放的城市品牌形象。

城市品牌形象与新媒体公共空间艺术的结合创造出了一个诗意的城市。芝加哥的工业和制造业非常发达。但芝加哥并不是一个冷冰冰的工业城市，当地城市规划建设非常注重挖掘城市文脉和人文关怀，积极传递亲切有温度的城市形象，巧妙利用新媒体艺术，成就了芝加哥强有力的城市品牌形象影响力。

1995年克里斯托夫妇的大型公共艺术项目《包裹德国国会大厦》是柏林历史上影响力最大的公共艺术活动之一。近年来，柏林开始利用新媒体装置创造生机勃勃的城市景观作品，每年10月的柏林灯光艺术节，也成为享誉全球的艺术盛宴，极大地提升了柏林的城市品牌形象。柏林的成功正体现了当代公共空间艺术的两个发展潮流。

一是当代公共空间艺术呈现出从"艺术作品"向"艺术事件"转化的潮流。王中在《公共艺术概论》中指出，与传统的以"品"的形式静止地放置在城市公共空间中相比，现代的公共艺术更注重它的文化特性，更注重它的"生长"过程。同时，它也是一个事件、一个展览、一个互动、一个策划，引发了一种城市文化的"生长"。

二是当代公共空间艺术还呈现出明显的"科技+文化"潮流。很多国际都市创新化地使用科技手段参与空间的整合与重塑，丰富观者感官体验，增强参与性。有学者总结了互联网、数字化、跨媒介和沉浸式体验带来的公共艺术升级发展。具体表现为互联网转变了人们对传统空间的认知，使艺术的媒介与形式发生变化，从而拓宽了公共艺术的发展领域；数字化的发展带来了大量技术革新，未来公共艺术发展将越来越多地运用到数字技术；跨媒介以交互体验理念为核心，通过运用交互媒体，展现新的艺术表达；沉浸式体验改变了传统公共艺术被动式的体验方式，观众与作品主动交互形成沉浸审美感受。

当代公共空间艺术中的新媒体艺术潮流不只是技术在艺术中的应用革新，也不仅仅局限于提供新的表现形式和语言，新媒体公共艺术能够依据城市发展水平提供相应的审美体验，它作为一种艺术手段，最终目的是实现城市与人的情感联结。

城市品牌形象的提升需要挖掘城市现有的文化资源，激活城市空间，创造文化氛围，从而影响城市内外参与者的感知和评价。因为新媒介艺术的参与，使它具有更强的传播能力，也具有更强的互动能力。新媒体公共艺术从城市文化形象角度出发，为城市品牌提升提供了符合时代趋势和审美发展的思路和方法。

二、新媒体公共艺术提升城市品牌形象的途径

城市品牌形象与公共空间艺术之间的联系具有多种形式，出色的公共艺术能够为城市文化、城市精神提供物质载体，同时还能作为一种与人们进行交流的媒介，传播品牌的核心价值观、态度、行为和个性。新媒体公共艺术放大并强化了公共艺术作品呈现时的交互行为和效果，有效并直接地传递了城市文化信息，有助于公众形成对城市品牌形象深刻的记忆。

（一）重塑城市景观

土耳其诗人纳乔姆·希克梅（Nazim Hikmet）曾经说过，一个人的生命中永远无法忘怀的有两件事：一个是他母亲的脸，另一个是他所熟悉的城市面貌。城市的面貌是由城市中各种各样的景观一起构成的。景观规划意味着在一系列设定的物理和环境参数之内规划出适合人类的栖居之地。简而言之，景观就是人造的视觉空间，而这个空间应该具有视觉美学意义和文化精神意义。天津大学建筑学院教授郝卫国和李玉仓在其著作《走向景观的公共艺术》中，将公共艺术比作"景观中有机闪动的眼睛"和"景观中真实鲜活的灵魂"。城市建设是庞大复杂的工程，公共艺术只是城市有机体中的一小部分，在有限的体量和空间中，新媒体艺术手段比传统艺术形式更能吸引人们关注，引起心灵震撼，重塑对空间的感知和记忆。

第一，有助于"景观内的艺术"向"艺术介入景观空间"转变。从艺术与城市景观的关系来说，新媒体公共艺术不仅具有单纯的审美功能，其很多作品贴近公共空间的设施和整体需求，本身就成为景观元素的一部分。2017年悉尼灯光艺术节亮相的灯光装置"The Sunflower（向日葵）"是几个向日葵造型的路灯，它们白天收集太阳能，夜晚就可以点亮LED灯，同时还可以控制花盘转动，模拟向日葵随日光转动的形态。泰国创作团队ONGA用这个装置代表泰国向悉尼游客传递"友谊"和"幸福"的美好祝愿。

第二，促进"艺术装饰景观"到"艺术营造景观的文化氛围"的升级。当代公共艺术研究已经逐渐摒弃公共艺术只是城市景观装饰品的理念，而是开始研究公共艺术与建筑、色彩、人群、空气、声音、光线等因素综合发挥作用，力求塑造文化氛围的机制和效果。新媒体艺术的主要特征是交互、参与和沉浸，公共空间中的新媒体艺术通过唤起参与者的感官体验，强化精神感染和审美享受，最

大化营造景观空间的艺术氛围。纽约时代广场 2014 年落成的一个心形互动装置"Heart beat（心跳）"，艺术家将它定义为一个"城市心跳之鼓"。这个装置会发出深浅、强弱不一的心跳律动声和音乐和弦声，当人们靠近或者直接拿起鼓槌击打它时，装置的声音和光芒都会随之产生变幻。所有人都被鼓励一起参与到这个温暖、愉悦和浪漫的装置艺术表演中，纽约繁华的城市商业中心因为回荡着"心跳"装置多样的旋律显得更加有人情味和艺术气息。

第三，使"艺术品"走向"艺术媒介"。一件作品被公众接受、理解和喜爱依赖的是公众直接的亲身反应和感受。这需要公众和作品产生联系，发生共鸣。公共艺术不同于馆藏的架上艺术，它需要与所处的景观环境发生联系。这种联系在传统公共艺术中大多只是"看与被看"的视觉联系，而新媒体艺术是一个数字信息系统，涉及数字化信息的编码和转码。在信息转化流动的过程中，新媒体公共艺术承担的是一个媒介的功能，艺术化地传递城市信息，潜移默化地形成城市品牌印象。2013 年北京地铁 8 号线南锣鼓巷站正式开放运营，同时向市民呈现的还有一件新媒体公共艺术作品——"北京—记忆"。这件作品将 4000 件带有老北京记忆的小物件封存在透明琉璃中，一块块琉璃拼接成黄包车夫、穿长褂的小孩等老北京特色人物的场景剪影。其中一些物品有对应的二维码，行人可以扫码了解这些物件背后的故事。故事由文字、音频、视频的方式呈现。这件新媒体公共艺术作品巧妙利用新媒体艺术的参与性和互动性，将网上虚拟空间和城市公共空间连接在一起，作为"艺术媒介"，唤起市民对北京的城市记忆，并鼓励市民参与城市记忆的诉说和表达。城市记忆与城市文化传承是城市品牌的基础，新媒体艺术用新的叙事方法使个人的记忆成为城市的文化，让城市品牌形象更有感染力和吸引力。

总之，传统公共艺术是一个以艺术作品为中心，通过艺术家单一视角创造的封闭、确定的必然世界；新媒体公共艺术是一个以环境和观察者为导向，通过观众的多重视角驱动的开放、未定义的世界。

（二）增强城市品牌形象传播效果

根据拉斯韦尔（Harold Dwight Lasswell）提出的"5W"传播模式，城市品牌形象传播活动涉及传播主体、传播内容、传播媒介、传播受众、传播效果五个方面，城市品牌形象的传播是一个完整的过程，主要的表现内容是城市价值观，整个过程包括城市品牌形象的建立、认知和受众沟通，其目标是利用传播手段来最大化品牌形象。城市品牌形象传播的主要使命是创建可以表现城市品牌独特核心价值的形象，在目标受众和城市品牌的沟通之中产生对品牌的认知和认同。公共空间艺术需要讲述城市故事，满足城市人群的行为需求。新媒体艺术的新鲜体验和视觉冲击，以及其注重交互和参与的媒介优势让受众更容易接受和感知，从而带来城市品牌形象的提升。

1. 丰富城市品牌形象传播的途径

新媒体公共艺术以交互体验理念为核心，通过运用交互媒体，展现新的艺术表达，吸引受众宝贵的注意力；沉浸式体验改变了传统公共艺术被动式的体验方式，观众与作品主动交互形成沉浸审美感受，这刚好可以满足城市品牌形象传播路径的需要。利用新媒体公共艺术，可以使建筑、色彩、人群、空气、声音、光线等因素综合发挥作用，在城市品牌形象传播活动中充分唤起受众的五感体验，可以最大化强化精神感染和审美享受。巧妙运用新媒体公共艺术可以丰富城市品牌形象的传播路径，丰富传播活动的内容与形式，增强受众在传播活动中的参与感，使得传播效果比传统的信息传播途径更有成效。新媒体公共艺术因其"科技 + 文化"的特质，加之更加丰富的感官体验和高度的受众参与性，在各类营销活动中发挥作用，促进城市品牌形象传播效果。

美国费城 2018 年落成的作品"Pulse（脉搏）"设置在古老的费城市政广场地铁站周围。该装置由艺术家珍妮特·艾克曼设计，她在这件作品中用薄雾在地面追踪地铁实时的路径。这种薄雾其实是一种微型原子化水离子，它非常轻，微风和人的移动都可以改变它的形状，而且行人穿梭其中不会被沾湿。作品被安置在费城市政厅的广场上，广场正下方就是地铁站。每当地下的地铁开过，地上广场就会升腾起一条约 1.33 米高的彩色薄雾，薄雾追随着地铁的行驶轨迹迅速升起又落下。费城市政厅是一个有着悠久历史的建筑，所以她选择了"薄雾"这种质感特别轻的材料，既不破坏环境的历史感和肃穆感，同时又能用灵动的现代语言展现着城市现代化的魅力。"Pulse"被称为"城市血液循环中系统流动的 X 射线"。

费城一直被称为"友爱之城"，费城市政厅广场上的"Pulse"作品通过创造互动体验强化了这个印象。"Pulse"进一步搭建起城市文脉和居民生活沟通的桥梁。市民在广场上通过一种诗意和艺术化的方式去体验和感受城市的"脉动"。它采用最新的化学材料和数字科技,创新了公共艺术的互动方式,充分调动观众的视觉、听觉、触觉,更加全面地激发起市民参与和沟通的热情。

2. 优化城市品牌形象传播媒介

城市品牌形象被受众接受、理解和喜爱依赖的是受众直接的亲身反应和感受。这需要合适的媒介使受众和城市品牌形象产生联系、发生共鸣。西英格兰大学文化研究院李斯特认为,新媒体技术产生新的媒体生产模式、传播与消费方式,新媒体环境里诞生的具有交互性、超文本特性的新文本类型会带来不一样的文本体验;电脑游戏、超文本、数字电影特效等会引发不一样的媒体消费模式;沉浸式虚拟环境、基于屏幕的交互性多媒体带来展示世界的新方式。新媒体艺术是一个数字信息系统,涉及数字化信息的编码和转码。在信息转化流动的过程中,新媒体公共艺术可以承担媒介的功能,艺术化地传递城市信息,潜移默化地形成城市品牌形象。新媒体艺术作品作为"艺术媒介",巧妙利用新媒体艺术的参与性和互动性,促进受众与城市品牌的沟通,增加城市品牌形象的感染力和吸引力。

加拿大创意团队露西恩(Lucion)创作的"月亮花园"新媒体艺术装置作品就是一个传递城市品牌形象的媒介,这个灯光装置由一个个半透明的球状月亮组成,夜幕降临,装置就开始发光,并且投影出一幕幕讲述城市历史和人文的图像。观众可以和"月亮"互动,将自己创作的文字和影像"印"在"月亮"上。城市街头的"月亮"不仅是艺术装置,也是沟通的媒介,人们在一起狂欢享受的同时潜移默化地传递和接收着城市品牌建设者所要表达的信息。月亮花园促成城市管理者和城市顾客的双向交流和沟通,且这种沟通是通过艺术与审美体验完成的。

新媒体公共艺术增加了城市空间的趣味性,完善了城市公共空间的体验,提升了居民对城市品牌形象的认同感和忠诚度。新媒体技术可以在轻松的氛围里更高效地展示和解读城市品牌形象。除此之外,还有一点值得一提,新媒体公共艺术的审美和互动都是大众化的,它可以融入社会各个阶层,吸引各种背景的市民在同一个现实空间内进行沟通,在这个空间里,可以同时实现城市品牌形象的组织传播、人际传播和人内传播。

第三节　城市环境对城市品牌形象的提升

目前，已经有超过一半的世界人口居住在城市中，而这一比例在未来的几十年中还会持续增长。创造能够造福人类和环境的城市意味着要更新欧洲、美国和日本等老牌城市的设施，并为亚洲和非洲的新兴城市设计新的城市发展模型。根据联合国人口基金的报告（2007），亚洲和非洲的城市人口将在2000年至2030年间翻一番。在2030年全球50亿城市居住人口中，有81%的人将会居住在发展中国家。[1]

推动可持续发展城市的一个背景是气候变化和石油峰值的结合。汽车城市依然会把20世纪的车型出口到发展中国家，然而考虑到全球城市的人口骤增、化石燃料的有限数量以及地球变暖的危机，人们的这些资源选择则是不可持续的。目前中国已经成为世界上最大的汽车消费国，并且正在迅速扩展其城市内和城市间的高速公路网络。由于中国的很多汽车企业是部分或全部国有的，因此地方政府对于住宅区和交通的扩建会得到额外激励。电动汽车等新兴技术回应了化石燃料的高成本问题，但仍未从根本上解决系统能源效率和土地利用规划的问题。

交通、娱乐设施和绿地等资源的共享为密集城市的高质量生活和低排放提供了可能性。绿色长廊和公园通过培育鱼、鸟等野生动物，将城市居住者与自然、周边地域相联系。在屋顶、空地和墙上的城市农场为消费者提供了的新鲜食物，创建了与邻居和同事共同生活和工作的社区，并且培养了孩子和成人健康饮食的习惯。

在公共、私人土地和建筑物中急剧增长的植物量将使城市的功能变得更强大、生活环境更舒适。人类活动和自然循环的融合会产生一种无与伦比的乐趣。

即使是已经建设成型的城市，也可以通过利用一直以来被忽略的公共城市空间来重新获得活力，如城市街道和墙壁，以及被掩埋在高架网络和坚硬地面下的河流与航道。成熟城市的改造过程也为新兴城市的设计提供了新思路。

---

[1] 基思·丹尼. 城市品牌理论与案例 [M]. 沈涵，译. 大连：东北财经大学出版社，2014.

一、从屋顶花园到垂直花园

许多城市都已经认识到屋顶花园在净化空气、降低夏季温度、隔音,甚至是在地震期间保护建筑完整性等方面的潜力。2010年,纽约的建筑师凡妮莎·凯斯(Vanessa Keith)提出了一个非常有说服力的观点,城市拥有大量的可用来进行城市绿化、农耕以及能源创造的表面面积,这些面积远多于人们所认知的那样。凯斯所用的"可用表面面积"一词不仅包括屋顶,还包括城市中的垂直墙体。墙体上有无法想象的大量未被利用的资源。它可以用来种植植物或收集太阳能、风能和水能。凯斯做了一个有趣的计算。如果一个典型的六层建筑物占地195平方米,那么独立建筑物垂直表面就有着约1115平方米的面积,连排建筑物则有约334平方米的垂直表面面积。考虑到大部分建筑物墙体的低利用率,其潜能远远超过已有的公园和城市绿地。建筑物提供了所占土地2~6倍的可用表面面积,包括屋顶和墙面。

东京23区之一的杉并区推出了由攀缘藤本、塑料花盆和网组成的夏季"绿色窗帘"(green curtains)。杉并区把它们八层楼高的政府办公楼作为一个示范项目,建造了世界上最大的"绿色窗帘",其将近30米高并横向铺满了政府大楼的南面墙体。植物包括装饰植物和牵牛花、黄瓜、丝瓜、苦瓜等攀缘藤本植物。现在,东京各区的许多城市居民都在用一个两层楼高的"绿色窗帘"来覆盖他们的阳台,以此来降低夏季温度以及空调成本,同时可以净化空气,甚至为那些没有种植土地的人们提供了花园。政府在城市绿化新创意的公共示范中扮演着关键角色。通过目睹壮观的办公楼、参加一个市政研讨会或在媒体中获得有关"绿色窗帘"的信息,市民们了解到如何去创建既需要最小空间又能创造社会效益的垂直城市花园,其中社会效益包括能源效率和空气质量的改善等。

二、恢复河流和城市海湾

健康的河流和海湾为野生动物提供了栖息地,也为城市居民和游客提供了休闲场所。修复的河流把城市及其地区连接在了一起,也将经济增长与历史及遗产连接在了一起,重新恢复生机的城市水道能够为人们和野生动物提供食物。河流对于城市生物多样性有着至关重要的作用,是城市环境健康的一个重要指标。

2001年，在东京神田川的一小部分区域中，东京都市政府的调查报告记录到了260种植物、42种河床生物、9种鱼类、291种昆虫、30种鸟类、2种爬行动物和3种哺乳动物。

韩国首尔重建了一条叫作清溪川的中央河流，它曾经被掩埋在人行道和高速公路之下。地震对靠近港口的高速公路造成的损害促使美国旧金山打开了城市海湾，建造了新的公园、办公室以及文化空间。法国巴黎现在正在考虑一个重新将塞纳河与城市连接的大胆计划，以公园和居民区代替一条河边的高速公路。东京的城市规划者也提出为了遗产、旅游业、休闲娱乐以及更高的土地价值，要重新恢复历史悠久的河流和运河。

三、发展城市绿地

绿地将城市的发展与自然栖息地的扩张联系在了一起。即使是在最密集的城市里，也有充足的空间来应对植物和公共空间的急速增长。仅仅在10年前，这些想法不是被认为是不可想象的也会被看作不可能实现的，现如今却正在世界各地的城市中成为现实。利用绿地来进行城市品牌化要依靠社区的支持和参与，以此来建设充满活力的新的公共场所。

（一）设定宏伟目标

目前，各种类型的绿地在世界各地的城市中得到了迅猛发展，而创建城市的绿色品牌需要大胆地行动。地方政府需要采取新方法来处理交通、基础设施、公共健康以及生态规划，从而协调来自城市有关部门内部与公民社会、社区团体的各方支持。改善空气质量、降低基础建设开支、减少浪费和建设可及的绿色空间，这些都是绿色城市的目标。绿地指标包括树冠覆盖面翻一番，用食物废弃物施肥，在每一个小区中种植果树，移除道路和增加野生物种等内容。

城市地标以其标志性引起了人们的特别关注，因此在市政大楼、学校、街道和办公室的能源使用方式和与周边环境及地区的连接方式上，还有很多的改善机会。

当这些绿色城市目标与当地的社区基本情况相符时，它们就都是可实现的。在世界各地的城市中，个人、非营利组织以及企业都纷纷推出了城市农场和园艺项目。对居民来说，有形的目标和过程激励了他们的参与，增加了实验机会，更传播了成功的理念。

（二）将公园带出大门之外

对公园的体验不应该局限于公园大门里面。开放空间以及接触大自然不应该是一个特定的目的地，而应该是一个持续性的体验，是人们行动、工作和家庭生活的一部分。通过移除道路，城市土地可以重新获得活力，从减少老化污水处理设备的压力到为每个街区提供新的绿地等方面得到了诸多效益。从默默无闻的居民到蜚声国际的园丁帕特里克·布兰克（Patrick Blanc），在市中心建造垂直花园的例子数不胜数。移除路面和道路可以成倍增加树和植物在提供阴影、美景、清洁空气以及对雨水的天然过滤等方面的潜力。

一个最引人注目的对于新城市森林的愿景是来自日本漫画家宫崎骏1991年出版的书籍《龙猫生活的地方》（《*Totorono Sumuie*》）。这本绘图书的灵感来自他的电影和东京西部的街区。由于漫画人物龙猫生活在日本乡村的一棵树里，所以宫崎骏的城市愿景是在建筑物之间重构一个全新空间，创造一个充满自然、神秘与魔法的城市森林。减少一半的道路面积可以使树木、灌木和苔藓传播和生长。宫崎骏的城市愿景可以造福已有居民，并依赖于社区的参与来创建城市和自然之间的新平衡。

旧金山于2009年开始了一个为期六个月的试验，在全市范围内开展安装"路面公园"的项目。被浪费的街区空间以低成本快速转变为新的公共广场和公园。园林绿化、座椅和桌子代替了原有的街道，创造出了对行人友好的并且吸引人的地方。这些项目使用轻质材料进行建设，因此在试验后可以被移除或是被更改。伴随着公众的认可和参与，成功的"路面公园"可以进行修改和扩张。这一模式也取决于社区和企业代表。旧金山地方政府的这个项目植根于一个社区艺术和种植运动——"公园日"（Parking Day），其始于2005年，是由一个叫REBAR的团体在网络和街上发起的每年一天的节事活动。这个团体以及听到这个想法并被邀请的人一起动手把道路上的停车位改为小型公园，从而为整个城市增添了一些意想不到的绿地。视频和故事将这一理念迅速传播到了世界上的很多城市，并改变了商业走廊、居民区、零售区以及办公区的环境。在几年之内，为植物和居民改造街区空间的理念成了由地方政府推进并出资的市政政策。

（三）支持居民与非政府实体

在绿地理念中的创新越来越多地来自私人，包括那些在之前的城市设计中未被视为利益相关者的人们，如厨师、农夫、企业家及艺术家。大型规划决定了城市的走向和发展，作为在预算限制内完成更多事情的一种方法，地方政府正越来越多地转向私人和那些有才能的居民，向他们寻求物质及创意资源。如此，大量的方法以及广泛的实施使创造能够成长并传播的绿地方案变得更具可能性。

城市的整体目标需要尽可能得到广泛的支持，这是使那些宏伟想法成为可能的基础。街区园丁、业余或专业的自然科学家以及植物企业都对城市农业、树木种植与维护、城市野生动物的监测和促进有着丰富的知识与经验。对绿地的兴趣可以跨越年龄与背景，包括老年人、上学的孩子、观鸟者以及厨师等。地方政府可以识别并宣传那些让城市回归自然的多元化市民，从而打造其城市品牌。

地方政府的支持包括区划改变、税收优惠政策、街道试验基地和寻找并传播最佳绿地的公众创意大赛等。随着新媒体的兴起，人们也有了更多的机会去向其他社区学习，从而更快地加以适应、改变，并在世界范围内进行传播。

第四节　城市"非遗"老字号品牌创新

一个城市的美丽，除了要有基础设施、环境卫生等外在因素的支持，还必须有其内在的人文内涵。作为城市丰富传统文化内涵的一个组成部分，百年老字号不仅是一个品牌形象，还是一个城市响亮的名片、城市形象的代言人。可以说，如果把这几块"金字招牌"保护好，就可以把这座城市打造得更有内涵、更有名气。2022年3月商务部等8部门联合发布《关于促进老字号创新发展的意见》，并出台了一系列加大老字号保护力度的文件，文件中明确要求到2025年要使老字号品牌的保护传承和创新发展体系基本形成。本文基于品牌形象设计的创新对于老字号（Time-honored Brand）形象重塑发展的重要性以及如何"继承"与"创新"的角度，由"新理念""新范式""新研究"提出老字号品牌形象设计的创新路径模式，再到建立老字号品牌识别系统。提出设计方法理论，并力求解决"非遗"老字号品牌发展中存在的现实问题，同时推进其文化传承和创新发展中的具体品牌创新传播，使"非遗"老字号持续绽放新活力，提升其品牌的综合竞争力。最终目的是使老字号品牌持续健康发展，品牌形象更具内涵性，产品服务更趋立体性，传承载体更加丰富，老字号品牌重塑创新更具备多面性。

非遗老字号是中华民族的瑰宝，每一个品牌都有一段悠久的历史。他们是承载着传统文化的民族品牌的骄傲，他们在满足消费需求、丰富人民生活、倡导诚信经营、延伸服务内涵、传承和展现民族文化等方面都起到了很大的作用，在全国人民、海外华人和国际友人当中具有深远影响。近年来，党中央、国务院关于保护促进老字号发展的相关要求中提出，推动老字号品牌在传承中坚持创新、在创新中寻求发展。通过恢复发展、改造提升、强化老字号的品牌，逐步建立起保护和促进老字号发展的后续管理与长效机制，支持打造老字号特色商业集聚区。

非物质文化遗产简称"非遗"，它是一种活态文化并充分体现着各个地域及品牌的文化特点，是受众了解其文化特色的窗口。非遗老字号是历史的印记，是品牌的传承，是优秀民族品牌和传统商业文化的集中代表，具有不可估量的经济价值、社会价值和文化价值。老字号是一项特殊的非物质文化遗产，它具有独特的魅力和价值，无论是在从前还是现在，都影响着我们的生活，如今的老字号正因为现代化进程的加快、科技的迅猛发展而慢慢淡出我们的视野，目前正面临着巨大的生存挑战，比起战争对于文化的影响，现代化的建设对其破坏则更加的严重，急需人们的关注。因此，提升城市形象下老字号品牌视觉设计创新研究，既是对中华文化自信的提升，也是文化转化为品牌形象创新设计的探索，具有重要的学术价值与应用价值。

一、城市文化最好的丰盈——老字号品牌的重要性

老字号是中国几千年的商业文明历史的结晶，更是一代手工业文明遗留下来的精品，都是历经艰辛发家而终成大器。它们的身体里流着一股商业文化的血液，继承了中国商人义利兼备，以诚为本，以信为本的优良传统。老字号不仅是一种历史遗产，也是一种品牌质量，更是一种商业文化的象征，是一种创造性的象征，有着很高的经济和社会价值。

与江浙沪、北京、广东等先进地区相比，中小城市老字号保护推动工作起步相对较晚，发展差异巨大。他们既有在国内外有较大影响力的老字号企业，也有曾经辉煌如今却陷入困境的企业。推动老字号企业振兴发展、重塑辉煌，对提高品牌价值和市场销售，对唤醒历史记忆与文化认同，对经济社会发展，都具有重要的现实意义。

1936年，重庆美化汽水厂成立。1981年，重庆饮料厂和四川省中药研究所共同研制了天府可乐的配方。1985年，经过严格审验后，国务院机关事务管理局将天府可乐定为国宴饮料。那时百事可乐和可口可乐还没有占领中国市场，天府可乐才是年轻人们心中最"潮"的饮品，街上挂的海报、电视里的广告、小卖部的货架，都有它的影子。1956年，重庆的几家小日化厂合并，建起了江北牙膏厂，后更名为重庆牙膏厂，是80年代轻工行业"五朵金花"之一。1987年将新品命名为"冷酸灵"，是目前重庆发展较好的民族品牌。1958年，重庆啤酒厂成立，同年，山城啤酒诞生。说起重啤，很多重庆人都有满满的回忆，它陪伴了山城人民半个多世纪。如何为一座城市保留一份独特的记忆？保留文化记忆的价值又是什么？海德堡科学院院士、德国历史人类学研究所研究员扬·阿斯曼（Jan Assmann）有一个著名的"文化记忆"理论："……活生生的记忆在传承历史和记

忆的同时，又融入了时下人们的生活方式与文化诉求，参与城市共建。"而非遗老字号品牌的人文风貌和现代潮流生活相融合，打造了一张重庆城市的新"名片"。

老字号拥有独特的产品、精湛的技艺和服务的理念，它不仅蕴含着中华民族的工匠精神和优秀的传统文化，还拥有着广阔的群众基础和巨大的品牌、经济和文化价值。由此可见，进入新时代后，传承和弘扬中华传统优秀文化、促进老字号改革创新发展恰逢其时，非常必要，意义重大。老字号是城市的历史符号，对老字号的认知可以帮助我们解读这座城市的历史。每个城市都有它的老字号，作为今人的我们在保留传统文化的同时赋予它新的生命。细细品读每个老字号背后的故事，除了那些或传奇，或曲折的老字号发展史让我们记忆深刻，带给我们更多震撼与启迪的是历经时间洗涤而沉淀下的老字号精神。从那些老字号的故事中我们能够读懂这样的价值，那就是对于老字号来说，既是一种诚信的展示，更是对于现代社会的一种精神馈赠。从这个意义上讲，我们将会懂得这样的价值，那就是对于老字号，只有做好传承的文章，让更多的人能够在传承中感受到老字号跳动的脉搏，才是对于城市文化最好的丰盈。

二、城市文化品牌传播——老字号品牌的多维张力

城市形象塑造需要文化品牌。城市文化品牌建构首先需要挖掘并明确城市自身的独特竞争力。非遗老字号品牌体现出的特定民族、群体或地域的历史、文化传统、生活方式和美学的独特性，对于设计城市文化品牌、塑造城市形象有着不可替代的作用。当前，在以老字号建构城市文化品牌的领域里存在价值认知与意义诠释维度单一的现象。为了更好地借由非遗保护工作提升城市形象与建构城市文化品牌，我们从设计学领域之意义驱动创新的视角认为，通过转变非遗认知语境、拓宽价值认知维度、优化非遗传播空间载体的社会角色、重新定义传播对象的角色与行为来认知与重构非遗的当代价值；从当地环境、文化语境、公共空间、体验互动等视角重构非遗传播与城市文化品牌设计的关系；从非遗资源的历时性和即时性两个方面探寻获得城市话语权的路径。以此激活城市活力，打造城市品牌，重塑并完善城市形象。

这几年，人们对于重庆的印象和旅行方式都围绕着李子坝、洪崖洞这些充满视觉冲击力的"魔幻"网红打卡地，但一座城市若想"红得长久"、守得住流量

带来的红利，依靠的是环境、资源和城市文化所形成的核心竞争力。冯骥才在《城市为什么需要记忆》中写道："城市最大的物质性的遗产是一座座建筑物，还有成片的历史街区、遗址、老街、老字号、名人故居等等。地名也是一种遗产。它们纵向地记忆着城市的史脉与传衍，横向地展示着它宽广而深厚的阅历，并在这纵横之间交织出每个城市独有的个性与身份。我们总说要打造城市的'名片'，其实最响亮和夺目的'名片'就是城市历史人文的特征。"那些具有厚重历史底蕴的新地标，才是彰显城市软实力的标志。

三、承载丰富的历史记忆——老字号品牌的创新意义

老字号是指历史久远，浸润着丰富的历史记忆，世代传承，代表文化自信，具有鲜明的历史文化底蕴和民族文化背景，形成良好信誉并广泛被认同的品牌。在受众眼中，老字号代表着文化自信，极具文化魅力。老字号品牌价值的真正内涵并不仅仅在于手艺的高超和历史的悠久，更多的是老字号的文化意义。对老字号品牌形象设计的研究是对其自身品牌的文化进行传播的有效方式，是品牌文化的继承和发扬。其品牌的重塑应在老字号的历史文化基础上赋予它更具时代感和生命力的吸引力，使之不再是陈旧的、古老的品牌，老字号品牌也可以是主流的符号与时尚的演绎。"品牌"，英文是"Brand"，这个英文单词起源于古挪威文字中的"brander"一词，该词原意是"烙印"，后面还有一个部落的符号，这是最早的商标标识。面对多层次和越来越年轻化的消费群体，老字号既要有效地传递品牌的内涵文化，更要深入思考年轻消费群体的消费特点。非遗老字号品牌需要在传承品牌精髓的同时焕发新活力。

"现代营销学之父"菲利普·科特勒（Philip Kotler）认为品牌能表达出六层意思：属性，品牌首先给人带来特定的属性；利益，品牌不局限于一套属性，客户不买属性，他们买优势，需要将属性转化为功能和情感上的优势；价值，品牌也反映了制造商的一部分价值感；文化，一个商标可以认可和象征一种特定的文化；个性，商标也代表了一定程度的个性；用户、商标也反映了购买或使用该产品的消费者类型。公认商标的商标文化体系有两个分支：第一，其表面和可见的视觉形象；第二，是一种深刻的、无形的文化形象。传递品牌文化内涵更要顺应消费升级趋势，激活自身创新潜力，创造更多满足市场需求的产品，让老品牌焕发新生机。

四、创新路径——差异化品牌的有效传播

（一）独特区域传承，彰显特色价值

地域文化广义指中华大地不同区域物质财富和精神财富的总和，具有独特的区域文化特征。品牌建设意味着在消费者心中建立品牌的概念和信念。每一个老字号品牌背后都蕴藏着浓厚的文化色彩，想要更好地理解其中的内涵，"看得见，摸得着"的文化体验已成为"新宠"。中华人民共和国成立初期约有老字号1万多家，北京老字号更是数百年商业和手工业竞争中留下的极品。其中著名的有：全聚德烤鸭、同仁堂中药、张一元茶叶、内联升布鞋、王致和腐乳等。说到天津老字号，脑海中一定会浮现狗不理、桂发祥、泥人张等，这些老字号代表的是天津人的精神，是一份坚持与本分，一份独到的匠心成就了这些津门老字号。说到广州的老字号，十有八九都是和餐饮业有关的。广东的老字号品牌著名的主要有：陈李济医药、王老吉凉茶、莲香楼、陶陶居等。在发展千年的中国大地上至今孕育着一批包括商业、服务业老字号在内的非物质文化遗产，正是这些物质和非物质文化遗产的长期积淀，才形成了独具鲜明地域特色的城市历史文化，而老字号的文化特色又是地域民族特色的有力彰显。

（二）品牌重塑建构，显性隐性共融

1. 显性要素

显性要素主要是指品牌的名称和视觉标志等品牌外在的、表象的可以给消费者较强冲击感的东西。近一个世纪前，哲学家约翰·杜威为品牌提供了一种将体验概念化的好方法。杜威认为，体验是对环境的部分认识和理解，再通过自己的感官进行感知。随着互动的发生和品牌传播的视觉输出，显性要素的创新是受众感知品牌的第一阶段。感知由品牌行为塑造，以品牌形象传播、服务体验和设计的形式出现。因此，关键任务是确定正确的（或最具影响力的）接触点并设计品牌体验，以利用沟通、服务体验或设计的正确组合以达到非遗老字号品牌的显性触点及感知体验。

2. 隐性要素

作为商业社会中必不可少的一种交流方式，隐性要素是向市场宣布新品牌或

新服务的有效手段。隐性要素的应用是行之有效吸引消费者的注意力，提高消费者购买动机的有效策略。研究表明，在没有与产品或品牌相关的知识或记忆的情况下，使用隐藏符号要素可以加强营销理念的渗透，使受众理解并形成与品牌之间的相互联系。隐藏要素涵盖多面性及深入性，促使更多的观众认识到品牌的文化与内涵。罗兰·巴特（Roland Barthes）曾指出其图像有三个层次的意义：第一层次信息层次——交流；第二个层次象征层面——对场景的关键干预；第三个层次，为"迟钝"的意义。而隐性策略正是对"迟钝"意义最深入的诠释。品牌创意中的内容不能组合成单一形象的简单存在，相反，它可以与隐性要素相结合，从而产生无限的品牌力量的传播。

老字号品牌作为一种商业传统文化与美学内涵的重要载体，面对时代与市场的巨大压力，必须抓住当前中国文化转型的机遇，对其进行视觉形象的改造，提高其文化价值，以增强其竞争优势。传承和创新是老字号发展的永恒主题。虽是老字号，却隐含创新意识。重庆老字号想要显著提升"老"品牌的"新"价值，就需要在不断传承中推陈出新，挖掘重庆本身的地域文化元素进行符合本地特色的独有的品牌重塑理念的建构。

五、厚植文化根基传递品牌价值——传承与创新的文化自信

品牌创新既需要"内在价值"，更要包含"外在期待"，这是品牌创新战略的重要功能。对于营销专业人士和学者来说，了解品牌元素（如产品包装）的不同感官线索（颜色、形状、纹理、声音）如何影响消费者的认知和行为是很重要的。品牌溢价感知的关系要尽量考虑到一些视觉美学属性，这将是厚植文化根基信号优质性的关键，需要注意的是品牌符号也需要差异化。因此，传承和创新是老字号发展的永恒主题。

六、非遗老字号品牌的形象提升——设计重塑的创新路径

价值形态、市场环境、需求启动、营销运作、完善服务、品牌张力、形象表现、传播发散形成密不可分的一体关联。而思想本身是物质的一种能量形式，是一个复杂装置的可测量的产品，它将大脑物质转化为能量，以此看出营销中的品牌思维提供了前所未有的知识和思维方法的拓展，极大地增加了品牌升级创新成功的

可能性。老字号品牌思维可以使用叙事、隐藏含义、故事性输出和情感体验等创意策略与受众产生紧密的联系。通过这些方式，有助于老字号品牌探索目标市场并产生有效的解决方案，并评估品牌重塑的有效模式。运用品牌设计重塑新路径来探索品牌升级活动中潜在的有价值的内容是必要的。

（一）"念旧"——扬弃固有元素，传承品牌文化

1. 扬弃表层视觉元素

"扬弃"，就是选择性地继承，保留对品牌成长有益的因素，剔除多余的、模糊的因素。非遗老字号品牌在历尽百年传承的洗礼后形成了固化的"品牌形象"。在对其进行品牌重塑时，延承其原有的"中国味"是必要的。在"名牌"品牌中，那些中国传统的元素往往是实实在在的，具有丰富的品牌意蕴。要挖掘、改造、创新，就必须运用现代化的方法。通过创造性地使用中国传统文化元素来增强消费者对老字号的认同与归属感，所以，如何对老字号原有形象中的视觉要素进行理性的解构与扬弃并进行再整合，才是重塑老字号形象的关键。

2. 挖掘深层文化内涵

艺术具有极强的抽象性，在设计过程中，如何使品牌形象展现出文化艺术的美感，创造出既符合品牌定位又易于传播的品牌标识，是品牌文化面临的一大挑战。另外，如何使品牌形象在众多产品中脱颖而出也是必须面对的问题。老字号品牌设计的创新要找准品牌定位，善于将品牌文化进行有效传播才是万能良药。品牌文化是企业文化的核心内容，在提升品牌形象的同时，也为品牌带来了高附加价值。每一个品牌都应该着眼于与同类品牌具有差异性的品牌文化，实现品牌的个性化、差异化；通过品牌文化的传达缩短企业与消费者之间的距离，将无形的文化价值转变为有形的品牌资产价值，进而增强品牌的市场竞争力。

3. 植入品牌怀旧情感

品牌的怀旧营销最重要的驱动力就是情感。所以品牌的怀旧营销突出的重点不是商品本身或者并不重要的附加品。品牌输出的是一种怀旧的情感。怀旧的情感之所以重要，是因为消费者的回忆能勾起他们共情的东西，这是消费者内心的羁绊。品牌广告营销如果融入怀旧情感，它就能赋予品牌与其他商品完全不一样的情感联系。这种情感联系是其他品牌没有或者不可替代的。消费者与品牌之间

的交流与互动可以在品牌故事中找到情感的沟通与共鸣,品牌故事能够体现出品牌自身的独特魅力和文化内涵,更让消费者达到标榜个性的目的。怀旧感可以使用电影般的呈现手法,使消费者产生更强的代入感,就像消费者平时看电影、电视剧会产生代入感一样。消费者怀旧感产生以后,品牌把商品和怀旧感联系起来,容易增加亲切感。蚂蚁森林和上海美术电影制片厂推出了怀旧的广告营销活动。营销活动里面把具有怀旧感的《大闹天宫》《骄傲的将军》《哪吒闹海》《葫芦兄弟》《猴子捞月》等童年经典角色展现出来,结合品牌的聚会、出行、运动等一系列生活场景,很好地把品牌环保低碳的生活方式传达给广大消费者。

(二)"喜新"——立足时代特点,重塑品牌感官形象

经济全球化的趋势使众多经营者对于其品牌未来的发展有了更多的期许,这些因素对老字号品牌在各个层面提出了新的要求,而"老化"了的品牌视觉形象的更新换代也成为必然。非遗老字号品牌形象不仅应当与时俱进,同时也要意蕴深远。大众审美会随着时代的快速发展而发生变化,而科技的应用对于先进的创作与传播提供了更丰富的空间。多感官营销的目标之一是了解人们如何以及为什么在与特定品牌主张相关的不同感官特征之间和不同感官特征之间发现相加、次相加或超相加效应。这项研究还旨在探索感官特征之间的相互作用,以评估在非遗老字号品牌重塑中结合视觉线索是否存在这种影响。以及它们之间的交互作用,包括一些影响在不同的品牌类型中所呈现的不同感受。总体而言,在试图传达优质感官形象时,需要一两个显著美学属性,更微妙地体现在高质量的品牌形象中。

1. 关注审美需求,改良旧形象

现今,很多美学家包括哲学家和艺术评论家对于老字号品牌提倡的是审美经验的回归。审美的、批判性的和创造性的探究可以帮助人们作出更有效的选择。审美体验可以被解释为一种独特的心理状态,它在性质上不同于正常的体验。美学是中国艺术和视觉领域的一个重要理论范畴。中国的新发展揭示了中国当代美学的主体自主性和社会背景。这一美学体系最早出现在北京大学著名美学家叶朗1988年出版的《现代美学体系》一书中。在书中,作者运用了一种新的美学模式来介绍品牌美学传播知识,即审美需要体现四个原则:一是作为传统美学与当代美学的对话原则;二是代表中西美学的融合者的原则;三是美学与相关研究相结

合的原则,四是促进美学的利用和理论的改进原则。

2. 借助新式手段,发掘新形式

当今的品牌创新视觉重塑需具备较高的符号传播性、艺术审美性以及品牌独特性。品牌的视觉设计盲目地跟随某些既定趋势是不正确的,一切设计需要符合品牌的核心竞争力,并不是一味地简单化或复杂化。非遗老字号品牌的形象设计作为其形象和符号,作为中国传统独特的视觉设计语言要充分体现其文化底蕴与品牌内涵。民族性和时代性相结合才是今后品牌形象设计的发展趋势,对于老字号品牌更是如此,这需要设计师在新的时代背景下,在传承老字号内在精神的同时,加入一些新的设计元素,使老字号焕发新的活力。传统的老字号符号不仅是一种民俗传统,更是一种文化的印记。在新的历史时机下,我们要在传统老字号的基础之上,加入现代设计理念,创造出具有时代感和文化感的品牌形象。

3. 多样化维度设计,走数字化之路

科技与媒体的迅速发展也使很多行业进入数字化时代,从最初由品牌形象标识设计到各个学科的跨界融合,数字技术将为现有行业带来活化作用,并呈现出新结构、新形态以及新生态的设计表现方式。这种品牌形象的设计在设计传播领域被称为信息的可视化,它把品牌的核心价值理念可视化为创意形象,达成信息传播的目的,传达和表现复杂的品牌内涵。非遗老字号品牌应多角度运用数字化技术品牌生产、展示及传播中的赋能作用,同时加强消费者的喜好及行为数据挖掘,使之连接品牌与受众之间的沟通,使品牌商及时满足市场需求,创造出符合消费者需求的品牌商品。一款个性、生动、有趣、有故事、有文化内涵的品牌形象带来的不仅是视觉上的冲击,还会唤醒大众内心深处关于品牌的记忆。

在后现代设计的背景下,品牌形象的创新已不再是简单的文字与图形的结合与拼接,而是由创新型符号进行系列化创新的整合阐释。艺术设计与科学科技的相互促进与共融会激发出各种不同的艺术形式的产生,在适当的时候运用到实践中,在品牌形象或企业形象的代言中传达内在隐藏的含义,形成多元化、多维度、多视角的品牌形象发展趋势。

科技使艺术生动化、多元化、立体化,同时,也提升了品牌形象的传播及呈现方式,两者的融合产生了新的视觉美感及心理感受,创造更多可能性。历史文化是城市的灵魂,是发展的宝藏。一个城市的生命,在于城市居民对其历史、文化以及生活的集体记忆的延续，而历史文化街区等城市空间正是其生命力得以延续的记忆载体。如何通过外部设计形式，将区域文化特征和时代公认品牌的文化内涵融合在一起，从而促进经济和文化发展，这不仅是视觉设计理念创新的体现，也是探索回归传统人文精神的一种方式。非遗老字号品牌具有其先天的文化优势与独特的文化标识，同时具有强烈的地域特色与受众认同感。对非遗老字号品牌进行重塑，极大地有利于中华文明的传承、传播与创新，让更多的人都能重新认识到中国文化，感受到中国力量。传统文化不应被高置于神台之上，更不应被困于书本之内，而应被融入现实生活之中，不断被注入新的活力与价值，与我们的时代同频共振。

第五章　城市品牌形象创新路径

　　本章为城市品牌形象创新路径，主要从两个方面进行论述，分别是智慧城市规划提升城市品牌形象、数字时代下城市品牌形象的传播，这些为城市品牌形象创新注入现代理念。

第一节　智慧城市规划提升城市品牌形象

中国共产党十八届全国代表大会提出，要使工业化、信息化、城镇化、农业现代化同步发展，走中国的新型工业化、信息化、城镇化、农业现代化之路。中国的下一个十年，将是加速城镇化进程，大幅提升城镇化水平的一个重要阶段。以云计算和物联网为代表的新一代信息技术的创新性应用，给城市信息化建设带来了强大的技术支持，也将给中国城市品牌形象带来重大创新和突破。

一、智慧城市的概念与特点

（一）智慧城市的定义

智慧城市是指具有通过事物、人与人的相互联系，整体感知和信息使用能力，实现对及时、互动和集成信息的感知、传输和处理的城市。借助物联网等信息和通信技术，可以构建一个非常敏感的城市基础设施，能够实现有效的政府治理、便捷的民生服务和城市可持续的产业发展。

智慧城市指的是一个整体智慧的城市环境，一个积极创新的城市经济，一个高效灵活的城市服务，一个城市市民的幸福感体验，还有一个准确高效的城市管理。

"构建高敏感度城市环境"就是要实现全局性和智能性的城市环境。城市的全智慧性意味着城市的感知终端、信息网络及其他基础设施可以充分支持公众与政府、企业与企业间的信息交互、服务提供和业务协作。在人才开发、资金运用、自然资源利用、环境保护等领域，可以为城市带来更大的革新与永续发展。

"实现城市有效治理"意味着准确有效的城市治理。准确高效的城市治理意味着实现互联网工作，按需共享信息资源，政府部门有效配合业务流程，为政府决策提供基础支持，提高治理效率和服务影响力。

"实现便捷的民生服务"意味着平等、灵活的城市服务和城市市民的现代幸福。平等和灵活的城市服务意味着在与人民生活相关的卫生、教育、交通、水电服务等领域充分利用信息和通信技术,为所有公民提供高质量和方便的公共服务。现代城市幸福观是指公民熟练地应用信息和通信技术,使用网络、计算机和手机等各种终端设备,获得各种社会服务,提高生活质量,实现城市和谐与公民幸福的意识和能力的提升。

"工业可持续发展"是指城市经济的主动和创新。城市经济活跃创新指的是以物联网为核心的信息产业,它拥有强大的创新发展能力。经济主体间利用信息通信技术,创新产业结构、生产方式与管理模式,从而使其在市场中的竞争力与活跃性得到凸显。

关于智慧城市,国内外研究机构和学者有不同的理解与阐释,概括起来主要有以下观点(表5-1-1):

表5-1-1 国内外不同研究机构和学者对智慧城市的定义

机构/组织	定义	背景
国际智慧城市组织ICF(美国)	智慧城市重视宽带网络,并利用它促进经济发展及公众福利。评选的指标涵盖五大项:宽带建设、知识劳动力、数字民主、创新、市场营销力	世界通信协会(WTA)分支,每年举办"全球21大智慧城市"评选活动,已超过十年
国际商用机器公司IBM(美国)	把新一代IT技术充分运用在全球每个角落的电网、铁路、桥梁、隧道、公路等各种物体中,协助政府将港口、机场、火车、超市、学校、医院等系统整合起来,使各地方资源运用更有效率,让城市因此变得更"聪明"	于2008年年底提出"智能地球"概念,目标是让人、物品与服务透过网络互相联结,形成智慧化的世界
移动通信公司Zain(科威特)	透过先进的ICT技术,提供进阶的应用与服务,提供随时随地的个人化服务,带给人更好的生活方式。智慧城市必须提供广泛的宽带设施,让所有的小区之间,可透过信息的分享和服务的整合紧密联结,同时让每位居民可共同参与创新开发	成立于1983年,为非洲和中东地区最主要的电信营运商,服务范围已扩展至23个国家

续表

机构/组织	定 义	背 景
INEC 组织（荷兰）	智能城市对未来的愿景，是以创新的方式来应用 ICT 的技术和宽带的设备，这些新的应用和宽带的服务，可协助解决城市中的一些问题，例如借由宽带技术来加强改善教育、出口、老人照顾等	成员来自各城市或小区，彼此间分享有关应用进阶 ICT 科技和宽带技术来发展城市的案例和相关研究成果，借以刺激经济的发展和合作关系
欧洲联盟 EU	"策略性能源计划草案"（SETP）将规划建立 25~30 个智慧城市，未来将以这些城市为核心，发展智慧输电网、新一代的建筑和替代性交通工具并扩展到整个欧洲	欧盟执行委员会（EC）以欧盟地区整体发展为基础，规划各领域技术平台，把汇整各界意见作为策略规划依据

对该定义的研究显示，智慧城市的首要目的是把它看作一种全面的城市发展策略，它不仅仅要把物联网应用到公共基础设施上，同时也要把它作为一个更高发展阶段的一个信息陈述，把它作为经济转型、产业更新和城市更新的发动机，用它来促进经济发展体制的转型和城市的宜居程度的提升，从而达到提升政府管理水平的目的，这充分显示出了它的高发展理念和创新精神。

（二）智慧城市的特点

数字城市的概念始于1993年，克林顿政府提议在美国修建一条信息高速公路，是指基于3S（地理信息系统GIS、全球定位系统GPS、远程监测系统RS）技术、可视化和网络技术的空间数据资源的综合开发和实施，自动收集和动态监测管理城市基础设施和功能机制，实现城市功能和管理的可视化、数字化与网络化。强调城市信息基础设施建设和信息技术的初步实施。

智能城市的概念最早见于新加坡实施的IT2000计划。智能城市是以人工智能、智能控制软件、专家决策系统技术及传感设备等现代信息科技为基础，利用智能信息网络系统实现信息、资源、任务的共享，使城市的各种功能智能化运作，它强调的是城市各行业内部和业务内部信息系统的综合集成。

IBM在2009年首次提出了一个更智能的城市模式。委员会通过了一项通信战略，充分利用下一代通信技术、物联网、云计算和系统集成等信息技术，并实现各种城市信息系统,以整合城市信息系统的集成和协同实施。它强调实施基于新一代信息技术的全面集成的信息应用系统,并为决策者提供决策解决方案。

数字城市、智能城市、智慧城市的区别如下:

数字城市:运用 3S 技术(地理信息系统、全球定位系统、遥感系统)实现城市运行和管理的可视化、数字化、网络化,重点在于对城市信息化进行基础设施的建设和对城市信息化的初步运用。

智能城市:运用人工智能、智能控制软件、专家决策系统技术及传感设备实现信息、资源、任务的共享,使城市的各种功能网络和节点经济高效地运作。它强调城市从各类基础设施到各类管理体系以及城市政府各功能、网络、节点智能化运行。

智慧城市:运用新一代通信技术、物联网、云计算等信息技术,使城市部件互联互通、城市管理与服务协同运作。协调和集成不同的城市信息系统,以实现城市信息系统之间的集成和合作,重点是实现基于新一代信息技术的信息应用系统的集成,并向决策者提交决策计划。

(三)对智慧城市概念的理解

数字城市、智能城市和智慧城市是既有区别也有联系的三个概念,代表城市信息化发展的不同阶段。它们之间的关系如下:

1. 智慧城市是新一代信息技术创新应用的结果

在 21 世纪,信息技术的创新和应用正在加快,特别是新一代信息技术的飞速发展为构建智慧城市打下了技术基础。

首先,物联网为实现信息的自动化、获取与传输提供了可能,是构建智慧城市的关键基础。物联网是一种利用射频识别(RFID)、红外感应器、全球定位系统、激光扫描仪等信息传感装置,按照一定的协议,实现对象与对象(或者是互联网)之间的信息交换和通信,从而达到对对象的智能识别、定位、跟踪、监控和管理的目的。

其次,云计算为信息处理提供了一种新的业务模式,为信息技术的应用提供了一种新的业务模式。云计算是一种以分布式计算为基础,利用互联网为用户提供信息基础设施、平台、软件等多种信息技术服务的一种新的业务和业务模式。

随着云计算业务的日趋成熟，云计算将逐渐成为一种以水、电、天然气为基础的公用事业，并将从根本上改变人们的生活，从根本上改变企业的生产。

最后，以第五代移动无线技术和信号处理技术为代表的移动技术的突破和发展，为移动宽带提供了技术支撑。高质量、快速、无处不在的5G服务为智慧城市带来了巨大的发展空间，极大地拓展了智慧城市建设的地理空间，解决了快速通信的问题。最终，系统集成技术可以有效地集成计算机软件、硬件、操作系统、数据库、网络和商业应用系统，为智能城市的大集成奠定基础。

2.智慧城市的核心特征是信息系统的大综合和大集成

与数字城市相比，智慧城市最重要的一个特点就是大的综合、大的信息系统。这种融合可以分为两个层次，一个是各个部门之间的大融合，另一个就是全城范围内的大融合。

在"数字城市"的建设中，随着电子政务的深入，各个部门的业务系统已经建成了信息化体系。但是，在智慧城市的建设中，单一的信息系统已经不能适应城市的发展，必须实现多个业务、多个部门的联合应用。

三、智慧城市建设的主要内容

虽然智慧城市的建设要根据当地的实际情况以及城市未来的发展策略来进行，但不可能是一成不变的，每个智慧城市都应该有自己独特的个性和侧重点以支撑城市的发展目标，更好地发挥城市的特点。

智慧城市的核心内容是：巩固智慧基础设施，实施智慧运营，提供智慧服务，发展智慧产业。智慧城市的逻辑关系就像一棵树，扎根于基础设施、服务分支、活动主干和产业叶子。建成智慧城市需要建设新一代信息基础设施，加快城市基础设施的智能化转型，整合和实施所有现有的城市信息系统，利用信息、知识、经验和智能技术等资源，确保城市管理准确高效，城市服务及时便捷，实现安全可靠的城市活动、智慧绿色的城市经济和安全舒适的城市生活。

（一）智慧城市建设内容

1.夯实智慧基础设施

以构建高速宽带需要以新一代信息基础设施为目标，同时推动智能交通、智能管网等城市基础设施的建设,最终形成高度一体化、智能化的新型城市基础设施。这就需要引导电信业者和使用者共同推动光纤通网到楼宇,加速老旧住宅区的光纤通网改造,提升政府、企业、居民上网的宽带接入量;鼓励各通信公司在其管辖范围内的公共场所设置 Wi-Fi 无线宽频接入点,向广大市民免费提供基础的无线宽频接入点。加快发展下一代移动通信技术,要优先发展 5G 网络,并进行试验和示范。支持网络电视和移动多媒体业务增加投资,创新业务,加速发展。指导电信企业在增加网络带宽、降低收费、改善通信业务品质等方面继续努力。应大力推动"三网融合",以促进各方面的合作和发展。

我们还需要积极与市政管理部门互动,利用物联网等信息技术,实现井盖、路灯、地下管线、景区、建筑设施等城市组成部分的信息采集和运行监控;加快辖区内水、电、气等城市生活线的智能化改造;加快应用智能燃气表和水量、水压遥测系统,构建智能供气、供水、供电应用体系,实现动态监测、信息共享和科学决策,从而提升城市运营保障水平。在重点区域重点路段开展下水道监控试点,实现对下水道水质的实时监测。建立土地资源、水资源、地质环境与地质灾害等的动态智能监测、污染源监控、生态保护信息系统,实现全时段可视化管理。

2. 实施智慧运行

通过加强物联网、云计算、视频监控等技术在城市运行中的应用,努力实现智慧城市运行监控和智能安全应急响应,提高政府精准管理能力,使城市运行更加安全高效。

通过构建智能交通信号控制系统,在十字路口布设传感器,实现对车流、速度等信息的实时监控,并对其进行实时监控,使其能够根据实际情况进行动态优化,从而增强道路交通的适应性。

整合交通部门已有系统,采用视频监控设备、"北斗"卫星导航系统和新一代移动通信技术等,构建一套道路交通状况的综合监测与发布平台,对各类交通流数据进行了快速的收集,对路面交通运行特点进行及时的分析,并对其进行预测,并通过道路显示板、广播电台、互联网等多种方式发布交通信息。在车联网方面,通过物联网和二维码等信息技术,对私家车、公务车、校车、渣土车等进行智能识别;推行电子牌照;运用"北斗"定位技术,对公务车辆进行实时定位和管理;建立公共汽车的电子票证系统,实现公共汽车的定位、到达情况的实时公布；探索车联网运营服务商业模式，实现运营持续发展；建立智能泊车诱导系统，通过互联网、显示牌等方式实时发布重点区域空闲泊位信息、泊位驶入路线信息，营造良好的区域交通环境。

利用物联网、新一代移动通信及其他资讯科技，可实现整体食物、药品、主要威胁及有害化学物质的动态监控流程。在街道、社区、校园、旅游景区、地下空间、大型林区等公共场所，构建一个城市的综合监控平台，让公众的治安得到实时地监控。将已有的资源进行整合，构建一个集城市管理、公安、环保、消防于一体的公共安全应急管理平台，实现对自然灾害、公共卫生事件、社会治安事件等突发公共事件的实时规划。

3. 开展智慧服务

通过实施一系列智慧应用，如智慧医疗、智慧教育、智慧金融、智慧社区、智慧家庭等，让城市的服务变得更及时、更方便，可以有效地提升市民的满意度，让城市发展的成果真正造福于人民群众。

智慧服务是智慧城市的普惠基石。通过就业、社保、医疗卫生、文化教育、政务服务和社区服务等智慧化的城市服务手段，可以大幅提升公共服务部门的行政效率和决策水平，有效提高城市居民的满意度，真正将城市发展的成果惠及大众。

智慧服务围绕政务服务、社保服务、医疗服务、文化教育服务和医疗服务等重点民生服务领域，构建智能化基本公共服务体系，提高服务质量和水平，培育公平、健康、便捷、低碳的生活环境，显著提升居民的幸福感。

一要整合政务资源，促进业务协同，提供优质的智慧政务服务。协同办公平台、行政审批平台、企业全生命周期服务平台、云计算公共服务平台的建设和多部门集成，可以实现一站式市政服务，让市民和企事业单位足不出户就能快速办理行政审批，提高政府服务的效率，降低运转成本，进行提高城市管理者的服务水平和城市居民的满意度是服务型政府建设的题中之义。

二要提前布设教育信息网，推动优质教育资源向社会开放、共享。建设基于个体空间的教育公共服务云平台，促进教育资源的共建共享；促进教育信息资源的均衡配置，改善学校的硬件条件；整合精品教育服务资源，为教师专业发展和学生自主学习提供支撑，促进区域教育均衡发展；建立高速教育通信网络是实现智慧教育的基础条件。

三要把各种社会保障体系整合起来，使其更加有效地为人民服务。对城市劳动保障数据中心和人力资源、用人单位、社保基金等核心数据库进行完善，整合就业和社会保障信息管理系统，逐步将社会保障服务的目标从全体公民延伸到农民工，完善就业登记、职务晋升、招聘和调动系统，促进人才发展，完善技能人才的培训和能力建设，加强劳动力的仲裁和监督，提高全民健康保险等公共服务的社会保障水平。

四要在新一代信息技术的推动下，实现健康管理和服务的全过程智能化。建立远程医疗系统、电子病历系统，并实现互联互通，实现数据共享平台，能够在更大的区域内，对医疗资源进行合理的分配，并利用专家信息库、病历库、医疗诊断和临床治疗库进行智能检索，帮助医生对病人的病情进行精确的诊断和治疗，为城市居民提供更加完备和及时的医疗服务，使社区卫生服务中心能够更好地发挥其功能，从根本上解决"看病难、看病贵"的问题。

五要为市民提供全方位的服务。实现基础设施、环境、居民和社区生活等各方面的智慧化管理，为社区居民提供全方位的数字服务，为其提供高效、舒适、温馨、安全的居住环境。主动更新智慧社群的应用程式；基于各类现有的智慧社区应用及未来物联网、云计算、宽带无线网络等新一代信息技术环境，深度挖掘社区居民衣、食、住、行方面的信息化需求，挖掘社区物业与政务管理方面的需求，创新智慧社区应用。

4. 发展智慧产业

以智能应用系统为核心，以物联网和云计算为核心，促进自主创新、产业发展、公共服务、社会管理和资源配置，是中国各大城市"智慧城市"发展的长远目标。建设智慧城市是一项系统而长期的工程，其主要任务是弥合部门、行业和地区之间的数字鸿沟，制定长期发展战略，建立强有力的治理机制并妥善评估安全风险。通过智能基础设施、城市活动感知、城市网络管理、社会服务改善和前沿产业融合等途径，逐步广泛推进智慧城市建设。

（二）关于智慧城市建设内容的思考

智慧城市的核心是城市自身的改进和发展。智慧城市建设要先提高城市的管理和服务水平，然后才能更好地服务于城市的发展。所以，建设者一定要有思想、有灵魂，要有整体框架设计，在以人为本的当代发展理念下，更要把民生服务作为重要内容。

1. 建立总体框架

智慧城市的整体框架由四个部分组成，分别是：智慧基础设施、智慧运行、智慧服务和智慧产业，它们之间的逻辑关系就如同一棵树，智慧的基础设施是树根，智慧的服务是树枝，智慧的运行是树干，智慧的产业是树叶。

智能基础设施指的是在建设高速、宽带、无处不在的新一代信息基础设施的同时，还要推动智能交通、智能管道等城市基础设施的建设，最终形成一个极度一体化、智能化的新型城市基础设施。智慧运营指的是将物联网、云计算、视频等技术运用到城市运营中，实现智慧城市运营监控和智能安全应急响应，提升政府的精准管理能力，让城市运营变得更加安全高效。智慧服务是指实施智慧健康、智慧教育、智慧金融、智慧社区、智慧家居等一系列智慧应用，使城市服务更快、更有效地提升市民的满意度，让城市发展的成果能够使人民群众受益。智慧产业是指以云技术和数字内容产业为代表的信息产业，以现代物流和电子商务为代表的智慧服务业，以智能制造为代表的智能产业，以设施农业和精准农业为代表的聪明农业，通过这些手段来提高信息化对经济增长的贡献率，从而推动中国产业结构的优化与现代化，使中国的经济增长模式由劳力密集转向知识型。技术密集的转变使得经济的发展变得更聪明。

智慧城市建设是一项系统而长期的工程，旨在通过智能基础设施、城市感知、网络化城市管理、精细化社会服务和前沿产业融合等方法弥合部门、行业和地区之间的数字鸿沟，逐步推进智慧城市建设。

2. 关注民生需求

智慧城市的建设要真正地将人民的利益放在第一位，将社会公共服务和民生事业作为建设智慧城市的起点和终点，推动社会公共服务的均等化。

这十年来，国家对电子政务的重视程度越来越高，政府的工作效率也得到了很大的提升，但是在某些地方，却将电子政务与"买电脑，铺网线，上系统"相提并论，形成了"冒进型""孤岛型""克隆型"的模式，导致资金浪费严重，安全隐患接踵而至。在建设智慧城市的过程中，我们要将重心放在民生方面，通过构建智能交通系统来缓解城市的交通堵塞问题，通过构建远程医疗系统来缓解居民的就医困难问题，通过普及远程教育来实现优质资源的均衡，从而使社会的运作变得更智能化。

智慧城市建设只有坚持以人为本，从百姓的生活需求出发，为老百姓的日常生活提供便利，让老百姓感受到信息技术给自己的生活带来的便利，才可以得到广大群众的拥护。

3. 突出自身特色

智慧城市的建设不能是一成不变的，每个智慧城市都应该有自己的特点和侧重点，既可以支撑城市的发展目标，也可以更好地体现出城市的特点。

在国际上，美国十分重视运用信息化手段来推动本国经济的发展和社会的可持续发展。英国则是以科学技术为主导，以完善民主法制、推进社会和谐发展为目标。日本是以智能科技来协助人类提高工作和生活质量，从而让人类能更好地适应社会生活节奏。新加坡努力建成一个四通八达、四通八达的国际性"连城"。在中国，沈阳着力发展老工业基地，杭州着力发展绿色、宜居城市，重庆着力发展人文、卫生城市，天津着力发展国际化、信息化城市，北京着力发展国际化城市，宁波着力发展"智慧港口"，着力发展港、港、贸两条产业链，上海着力发展智慧城市，实现创新驱动，实现转型发展。

在建设智慧城市的过程中，必须以当地的现状为基础，以城市居民的现实需求为出发点，以城市未来的发展战略为出发点，构建出一座具有特色，与居民生活相适应的智慧城市。

智慧城市的建设才刚刚开始，其关键技术与解决方案仍为国外企业所控制，信息安全风险也是未知的。在争夺世界城市的新一轮竞赛中，我们不能故步自封，犹豫不决，更不能盲目建设。我们必须站得高、看得远，统筹全局，把握好新一轮信息技术创新突破应用的机会，从国家层面上对智慧城市的建设进行规范，选择一些基础好的城市以及风险较小的领域，开展智慧城市的试点示范工作，有战略、有步骤，积极、稳妥地推动智慧城市的建设，这样才能在未来的发展中获得先机，掌握智慧城市的建设规律和主动权，为提高城市品牌形象创造全新的创新路径。

第二节 数字时代下城市品牌形象的传播

纵观营销传播方式的变迁史可以发现营销传播方式的变迁是随着媒介形态的进化而变化的。城市品牌形象的传播也是如此,下面将简要梳理城市形象传播在不同阶段的特点。城市品牌形象传播经历了三个阶段,分别是:前移动互联网阶段、移动图文阶段和移动短视频阶段。

第一,前移动互联网阶段。政府规划、媒体执行,城市形象定位不清晰。在以传统媒体与搜索引擎为主渠道的前移动互联网阶段中,地方政府以文字为主的形式着重传播城市主要的特色地标,目的是通过语言文字的形式将代表本城市的符号传递出去,进而吸引受众到该城市参观,以较为低调的形式来提升城市品牌知名度。这种文字的静态表达方式,通过文案来曝光城市形象,使得城市品牌形象的传播周期较长。

第二,移动图文阶段。政府与媒体共同参与。社交媒体的加入拓宽了文字传播的静态方式,城市形象传播也转变为政府与媒体共同参与的移动端图文阶段。有了社交媒体的参与,图文共建的形式远比单一文字传播更加夺人眼球。图片的视觉冲击也调动了人的感官,让城市品牌形象传播从只重视曝光度的基础城市符号传播转变为以城市重大节事活动和重点发展领域为代表的进阶城市符号传播。在该阶段,传播速度与前一阶段相比有所增加,同时,提升城市品牌美誉度成了该阶段的目标。

第三,移动短视频阶段。政府与民众共同讲述,生活化的城市形象更具区分度。移动互联平台和智能终端的普及以及聚合平台算法分发的引入让城市品牌形象传播进入移动短视频阶段。居民通过使用内容生成媒介平台创造用户生成的原创内容,使得受众在传播中既是生产者又是传播者。短视频使图片传播向视频传播转化,使单一的视觉冲击伴随着听觉的参与实现更有吸引力的感官体验。城市形象传播也由进阶城市符号升级为立体的城市符号,不仅注重曝光度和美誉度,更加注重城市形象的辨识度,还在传播内容上更加体现当地城市的独特魅力。美食、方言的相继加入让处于屏幕另一端的受众能深入城市的"毛细血管"了解当地的市井内容，对心之所向的城市深入了解，增加各利益相关者的价值互动。

从单一到多元，从平面到立体，从文字到短视频，从以政府为主的官方传播到以居民为主的短视频传播，在数字时代，如何更好地传播城市品牌形象是一个新的研究课题。在已有的众多线上工具中，非常受欢迎并且已经被许多城市用来传播它们的品牌特征的工具包括网站、博客空间、社交网络、短视频平台等。

一、网站：城市品牌识别的传播者

网站是主要的、颇受欢迎的，在地方品牌化中是必要的工具。一个网站能够帮助提高地方的知名度和熟悉度并最终塑造该地方的形象。网站的基本作用是通过传递相关信息来传播城市品牌识别。这种传播采用了被动传递信息的方式，如一般信息、图片库、宣传册、市议会的项目和计划。作为一种相对被动的媒介，网站可以向所有潜在接受者传递无限量信息，而这可以由信息传送者自己来控制。得益于技术进步，使得传递更加复杂、更具吸引力的信息类型成为可能。因此，不同于传统的大众媒体，网站内容可以针对不同受众来进行定制，通过自定义设置来创建出一个受欢迎的地方形象。

进行关于城市的对话可以从它们的受众那里学到更多的东西，就像公司和其消费者之间进行的对话一样。

一般情况下，通过网站，城市可以展示品牌识别系统或品牌设计（标志、口号、盾徽、旗帜和代表颜色等）、城市所提供的东西（针对目标市场的套餐、景点名单、节事日历、图片库、地图、文件夹、影片）、城市行为（新闻、项目、规划、政策、报告、规则、地方政府详情和与姐妹城市的关系），从而发展其城市品牌，还可以通过网上论坛、反馈、信件和评论等途径与城市的目标受众进行互动。所有这些信息都应该被整合起来去构建一个独特的城市形象。为了提高网站本身及其描绘的城市的辨识度，城市应该使用整体性方法，运用鲜明的特点和特别的工具。正如Palmer所总结的，拥有一个电子化的存在是远远不够的，必须开发一种使这种存在与潜在客户更接近的策略。

二、通过博客空间打造城市品牌

博客是一种由个体运营的网站，通常是在一定时间内发布一些关于事件的评论或者是一些图片和视频。很多博客会就某个特定话题发表评论或是消息,而有些则作为私人日志。一篇典型的博文可以把文字、图片、其他博客、网页和与话题相关的媒体的链接结合在一起。博客空间是由所有的博客和它们的交互联系共同组成的。平均每24小时的博客发布量接近百篇,而大多数的互联网活跃用户会阅读博客。快速增长的博客空间使人们意识到博客已经成为非常可靠、非常客观的信息来源。所以,博客写手们正变成具有巨大影响力的新型观点领导者。这种影响力可能包括塑造城市印象的能力。

博客的发布者和读者包括城市居民、以前的及潜在的游客、学生和投资者。对于城市,人们会发布和阅读关于旅游景点、不同类型的节事活动、城市生活质量、社会话题、政治、艺术与文化、学术研究、运动等方面的内容。例如,BlogTO 就是一个关于加拿大多伦多的网站,并且由多伦多的居民——"一群痴迷的艺术家、音乐家、摄影师、政客、广告和媒体人、舞蹈家、科技爱好者、美食爱好者、有抱负的电影导演、时尚人士以及爱护动物的人士"来写文章。这个博客网站展示了这座城市生活的精华,因此对城市居民和游客都十分有用。另一个有趣的案例是网站 www.newyorkology.com 上的"名人堂潜水酒吧、布鲁克林比萨饼之旅和双层巧克力色美甲"都是自由撰稿人艾米·兰菲尔德(Amy Langfield)的博客内容。生活方式被分类成饮品、食品、商店、景点和旅游。这些信息可以覆盖的范围很广,世界上每个有互网络的人都能够阅读到这些博客。

旅行博客是最受欢迎的博客类型之一。旅行博客内容一般以日记的形式呈现,包括旅行者的一些经历描述。对于其他旅行者和参观者来说,旅行博客是一种宝贵的信息来源。城市营销者需要密切注意这些博客,尤其是那些有着明显旅游焦点的博客,因为它们可能会影响人们对城市品牌的有形或无形内容的认知。此外,这些博主自己也可能是非常重要的目标群体。

因此,与博主建立关系并与之合作是十分必要的,还去鼓励那些重要而又积极的意见领袖去发布一些城市的正面信息。换句话说,就是把他们变成城市的支持者。此外,从博客中,尤其是从那些城市居民所写的博客中很可能会获得未来宣传活动的灵感。城市和旅游组织已经逐渐注意到了博客空间这种越来越大的影响力,并且已经开始组织与博主们的特别会议与访谈。例如,加勒比旅游组织会定期举办这样的会议。在 2006 年 2 月,这个组织第一次邀请了一些写旅游和旅行文章的纽约知名博主来参加会议。因为美国是加勒比旅游业的主要目标市场。这次会议是由加勒比旅游组织和国际在线传播者协会（International Association of Online Communicators）共同组织的，会议的主题是"什么是加勒比的新热点"（What's New and Hot in the Caribbean）。该会议的主要目的是鼓励美国博主们选择一些可以帮助推广加勒比岛屿旅游的话题，并通过向博主们提供可以写作的新闻与信息与他们建立合作关系。博主们也被邀请与加勒比旅游机构的代表们一同讨论加勒比旅游业的未来发展。

同样的，在2008年7月，负责费城城市和地区推广的大费城旅游营销公司（GPTMC）举办了一场名为"博客费城社会媒体非传统会议"（Blog Philadelphia Social Media Unconference）的会议。该会议邀请了美国的几百名博主参加，GPTMC向与会者展示了如何通过特定的城市网络服务使用Web2.0传播工具，如与城市及地区相关的视频、播客和文章。另外，该会议的目的是与博主社交圈建立起紧密的联系，从而鼓励他们发布和阅读关于费城的内容，并且也教授他们如何使用社会媒体等可用工具。

随着博客空间的发展，记者们对待博客的态度也发生了变化。在过去，记者认为博客是一种不可靠的信息来源。然而近年来，记者也开始稳定地使用社会媒体工具，阅读博客和简易信息摘要（RSS feeds）的记者人数每年都在递增。有公司在北美的记者和编辑之间进行调查发现，现在博客对于记者的写作思路、角度和洞察力有着非常显著的影响。超过七成记者认为博客对他们的写作思路是有用的，他们会定期查阅博客列表；两成的记者每天会花费1小时以上的时间来阅读博客。同时，越来越多的记者也成了博客空间中的活跃分子。

博客空间的另一个形式是微博。微博是一种简短的文字评论，往往发布在一个社交网络上。发布微博和推特都是上传微博的行为。这是一种允许用户发布简短的文字更新或是图片、音频剪辑等小社交内容并公开它们的形式，这些内容既可以被任何人阅读，也可以被用户选定的特定群体观看。微博和传统博客在内容上的区别在于微博通常比较简短。微博作为一种线上品牌化工具有一定的基础和潜力，许多旅游企业和目的地已经开始使用微博了，并且还有更多的企业和目的地正在积极地使用微博。

尽管目前几乎没有研究去探讨微博作为目的地品牌化工具的有效性，但是有一种衡量微博有效性的方法就是看目的地微博的粉丝数量。粉丝增长率、与访问者互动的数量以及通过推文链接访问目的地网页的点击率也非常重要。

三、社交网络与交互式城市品牌化

社交网络是有着共同兴趣和活动的人们所组成的在线社区。它们为用户带来与不同人进行各种各样互动的可能性，包括从简单的聊天到多方视频会议以及从普通的电子邮件交流到博客和讨论组中的参与。在线社交网络还包括分类的人际关系（如以前的同学），这就意味着人们可以和朋友保持联系。它还包括某种类型的事物或活动的推荐系统。在品牌化视角下，营销人员可以通过与顾客的交互建立一个友善的在线社区来跟踪顾客对该品牌的感知与感受。

旅游社交网络已经越来越成为城市品牌创建过程中的重要议题。例如，约翰内斯堡旅游公司决定在 2008 年与 WAYN 合作开展一项活动，旨在改变人们对城市的感知并实现人们对于约翰内斯堡是一个主要的国际游客目的地的认可。其品牌标语是"约翰内斯堡——一个世界级的非洲城市"。通过在 WAYN 上树立形象，约翰内斯堡旅游公司成功与来自 193 个国家的 1400 万受众以一种有趣的、动态的方式进行了互动。其主要部分包括会员调查、节日有奖竞赛、关于世界小姐的新闻馈送、横幅广告、新闻通讯以及内部沟通等。活动前后的调查结果显示，历时 7 个多星期的活动使人们对于约翰内斯堡的城市感知有了非常明显的积极变化，并且使约翰内斯堡成为一个最受欢迎的目的地的选择。

随着社交网络的选择越来越多，城市管理者需要把那些与城市品牌形象建设相符合的有效渠道整合起来并分析它们的网络目标市场。城市管理者还需要在对话、邮件、聊天和论坛中保持持续参与。运营一个品牌社区需要为其用户提供一种参与感，甚至是所有权。在品牌建设过程中，社区需要具有一种自下向上的视角，不仅使消费者可以创造内容，还能让他们在一定意义上对品牌负责。

四、移动短视频营销

在国内，随着移动通信网络的发展与流量费的降低，抖音、快手等移动短视频 App 成为近两年发展最为迅速的社交媒体 App，它们具有新的特点，满足了用户新的需要，因此相比于其他社交媒体更具传播优势。

(一)移动短视频营销的特点

1.数字时代下用户使用习惯的新特点

在数字时代下,用户对视觉的需求逐渐从"色彩"转向"动态",从图文转向短视频。数字时代下用户的使用习惯呈现出三大特点:碎片化的使用习惯、娱乐化的深度互动和社交化的需求崛起。

(1)碎片化的使用习惯

短视频是网络上视频碎片信息的优质载体。社交、资讯、电商、广告等都采用短视频作为载体来呈现内容,不仅传播效率高,而且还节约了成本。

(2)娱乐化的深度互动

快速地滑动切换短视频构成了一种在短视频App上固有的观看节奏,手指的舞动和活泼的气氛,让人们在短视频App上度过的时间变得飞快。通过短视频来宣泄一天的压力已经成为很多人日常生活的一部分。与此同时,短视频平台上的气氛也变得非常活跃,最近一段时间在抖音上很受欢迎的视频内容,就是由明星带领拍摄一系列开放式视频,其他人可以在这个视频的基础上再加上另一半的内容,最终把这两部分内容融合在一起,就可以组成一个新的短视频,既有趣又有深度的互动。

(3)社交化的需求崛起

在互联网时代,用户乐于将自己的私生活、体验心得记录下来,将分享的信息转变为短视频,这样能促进更多的互动,让人们可以通过这种方式来了解自己,让短视频用户在进行网上社交活动的过程中得到一种成就感。

2.移动短视频的新特点

短视频指的是在网上发布的一种信息,一般为10分钟左右的视频信息。

与传统的PC视频相比,手机短视频具有三个显著的优势:制作门槛较低,可以实现所有人的导演梦想;生产者与消费者之间界限模糊;传播速度快,社交属性强。具有如下:

(1)制作门槛低,可以实现所有人的导演梦想

一般情况下,移动短视频都是以移动智能设备为基础的,拍摄、剪辑和后期等多种功能都可以在一部手机上完成,这就意味着它的制作成本很低。另外,该系统的功能设定容易理解,不需要对用户进行甄别,进而降低了用户的学习成本。

（2）生产者与消费者之间界限模糊

就移动短视频而言，其内容创作者与消费者有较大的重合，受众逐渐从被动接受转变为主动参与。内容的吸引力也逐渐从精益求精转向多元化。

（3）传播速度快，社交属性强

由于手机短视频自然的时效性，因此其具有较低的试听成本和较高的完成率，并且容易在用户间的社会联系中实现二次传播。

移动短视频的新特点与数字时代下用户使用习惯的新特点实现了精准对接，这使得移动短视频近两年发展非常迅速。

（二）移动短视频行业分析

1. 移动短视频行业的三大环节

移动短视频行业包括内容制作者、内容发布机构和短视频平台三个主要环节。

（1）移动短视频内容制作者。移动短视频主要的内容制作者的类型如表5-2-1所示。

表 5-2-1 移动短视频主要的内容制作者

观看者		纯粹的内容消费者，只观看不生产，这部分用户可以叫作"有空的闲人"，使用短视频是为了无目的性地打发时间，所以，生活节奏相对舒缓的二线城市以及以外地区的年轻用户比例较大	
用户原创内容（UGC）	爱拍人士	吃喝玩乐都喜欢拍摄和分享的人	年轻人为主，但女性占比会较高，多数来自一线和新一线城市，具备一定的拍摄技巧，除短视频平台以外，很多在其他社交平台也都相对活跃
	才艺展示	自己的某类才艺或者专业，刚好吻合视觉需求，比如绘画、舞蹈等	
专业生产内容（PGC）		优质内容生产团队，除了前端的表演者，还包括后端的编剧、灯光、后期制作和营销团队。有一定的人气基础，兼具社交属性和媒体属性	
关键（KOL）		平台原生环境下新生的头部达人、上传视频的（UP主人），也包括后来入驻短视频的直播、音乐、社交等跨平台的网红和专业生产内容（PGC）团队。因网红用户的多栖重合，也导致短视频成了一个跨平台、跨领域竞争的焦点行业	

（2）移动短视频内容发布机构。移动短视频主要的内容发布机构的类型如表5-2-2所示。

表5-2-2 移动短视频主要的内容发布机构

类型		说明	
短视频机构（MCN）	平台自身	主要是和入驻平台的头部网红和头部网络协议（IP）签约排他性协议，IP和网红禁止在入驻其他平台，从而打造自身和竞品在内容供给端的核心竞争力	因为IP的内容流量先天具备分发优势，所以市场上诞生了整合头部用户原创内容（UGC）、专业生产内容（PGC）网红的专业机构，包括流量平台本身在内
	专业机构	主要是通过签约和打造头部网红和头部IP，然后再通过网红和IP的流量分发优势重复打造更多网红和IP。目前的短视频机构大多原本就是头部IP和网红的内容生产团队	
广告商		随着短视频行业的持续火热，短视频营销成为各大品牌主青睐的广告形式，短视频区别于长视频的贴片广告，更加偏向于植入式内容和定制内容的广告形式	
企业主		类似微博、微信，短视频也是企业最新的一种营销手段，短视频新媒体运营，也逐渐成为继微博、微信之后的另一个重要运营渠道	

（3）移动短视频平台。现有的移动短视频平台共有社交媒体类、资讯媒体类、工具类、论坛（BBS）类、社交网络服务（SNS）类、电商类六类，如表5-2-3所示。

表5-2-3 移动短视频平台

类型	代表平台	特色
社交媒体类	抖音、快手	社交媒体最大的不同是其为用户原创内容式的内容生产，提倡竖屏展示。抖音、快手是其中的佼佼者，抖音以内容玩法为主，快手以玩家特色为主，一个内容偏平台引领，一个内容偏人物自带

续表

类 型	代表平台	特 色
资讯媒体类	西瓜、秒拍	资讯媒体以聚合专业生产内容为主,基本都是横屏模式。资讯媒体的内容上传大多在 PC 端完成,时长不太受限,区别于社交媒体的 15 秒~1 分钟,所以在内容表达上可以更加深入,内容拍摄也基本都是靠专业设备及专业后期制作
工具类	小影、手机视频拍摄与美化工具(VUE)	第三方短视频内容生产工具的发展,目前远远没有跟上短视频内容的发展,因此此类具针对性的短视频内容生产工具,未来将会享受到和内容一样的行业发展红利
BBS 类	B 站、A 站	BBS 引导文化潮流,用户一般都以核心区域的一、二线城市为主,A 站目前已被快手收购;B 站 85% 的视频来自用户创作,作为主打年轻人的短视频平台,弹幕作为视频内容的补充歪解,同时增加了弹幕和视频两者共同的可读性和趣味性
SNS 类	朋友圈视频	微信朋友圈的短视频拍摄完全无修饰功能,短视频是基于熟人关系链,对朋友圈图片和文字功能的补充。
电商类	淘宝、京东主图视频	手机淘宝主搜索栏增加了短视频入口,短视频在阿里系的权重也在不断加码;《一条》短视频在微信订阅号的成功,说明未来电商领域的短视频发展依然拥有着无限可能

长视频网站的观看环境更加偏向个人,缺乏社交元素,而短视频内容则存在很强的分享属性,用户可以通过自己的社交网络分享自己的社交关系链,从而形成传播。

2. 移动短视频营销的三大要素

在网络空间中,短视频无疑是一种重要的信息传播方式。在业界的高度关注下,不少公司都在争先恐后地投入到短视频这个新兴领域,试图从这块"蛋糕"上分一杯羹。但是,在实现短视频变现的过程中,不仅需要相关新媒体运营商对平台进行稳健的运营,还需要对视觉、流量、转化率这三大要素进行细致的把握,并将它们完美地融合在一起。

(1) 视觉之于短视频

对外宣传的"敲门砖"。相比于传统社交媒体主打文字与图片的方式，移动短视频在对用户进行推广的过程中，通过新颖的视觉表现方式，不但可以对用户产生巨大的视觉冲击，还可以对新媒体平台本身产生良好的影响。一方面，在短时间内，漂亮的图像可以为使用者带来视觉上的愉悦，进而让使用者沉迷于视频内容；另一方面，从长远来说，"画风"的独特性，不但能提高新媒介的用户黏性，还有利于塑造品牌个性。

(2) 流量之于短视频

促进自身发展的能量来源。短视频依旧是一门流量生意，靠着内容获得巨大的流量，再通过广告、电商等渠道来吸引更多的流量。这条路，需要庞大的流量才能积累起足够的流量。流量是一张门票，是一个让别人欣赏内容的机会。自媒体的时代，把内容做好，让内容呈裂变式传播比广告轰炸的效果更靠谱。在做流量变现的时候，内容矩阵和大号数量会对商业化产生直接影响，整个行业的未来几年都会如此。

(3) 转化率之于短视频

将关注变成盈利。短视频与图文相比，因为用户在网站上的停留时间比较长，所以它具有更多的场景化，除了能够将流量资源变现，也可以弥补电商体验不佳的短板。以往的电商仅仅是销售货物，缺少体验，而视频在展示货物时，明显要比图文模式更加立体，并且通过视频，消费者可以更直观地了解别人的体验。现在，很多商家都把抖音当成了自己的广告和推广平台，就像是京东为自己的网站提供了一个新的流量入口，而抖音也可以在自己的视频中添加淘宝的链接，从而给淘宝带来更多的流量。

(三) SAT 城市品牌形象移动短视频传播模式

结合移动短视频传播与案例城市的特点，并结合利益相关者理论与价值共创理论的相关研究，本书提出 SAT 城市品牌形象移动短视频传播模式，如图 5-2-1 所示。

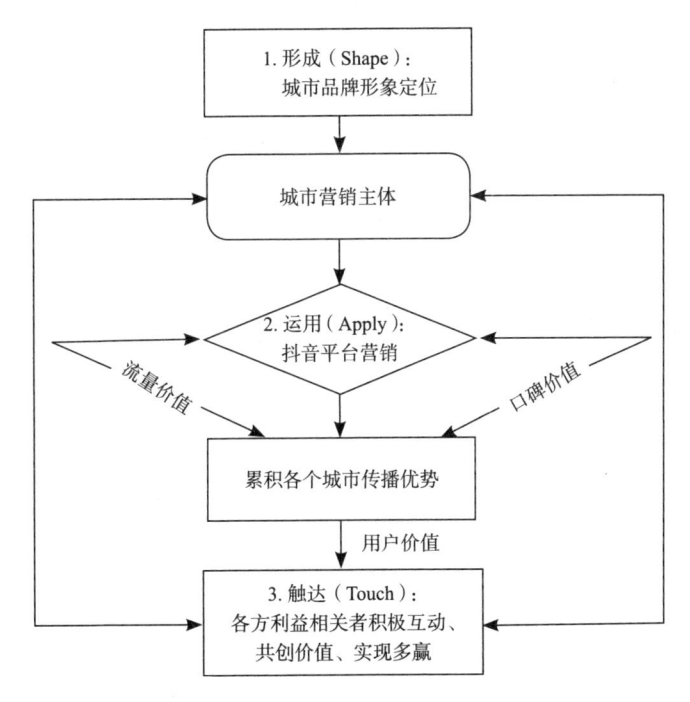

图 5-2-1 SAT 城市品牌形象移动短视频传播模式

SAT 模型认为，城市品牌形象的移动短视频传播包括三个步骤：形成、运用和触达。

1. 形成

形成指中国城市形象在顺应时代和社会的发展以及国家部委发布的相关政策的同时，结合城市自身的资源优势与各方利益相关者的目标形成的城市品牌形象定位。

2. 运用

运用指运用移动短视频平台的各种营销方式，通过搭建众创平台定制专业服务来实现沉淀用户互动发声，运用移动短视频平台特有的流量价值与口碑价值打造并传播城市品牌形象，从而累积出自身的城市品牌力量。

3. 触达

触达指通过城市品牌形象的移动短视频传播让各方利益相关者积极互动、共创价值、实现多赢。

"SAT"是"SIT"的过去式，中文意思是"坐"。中国文化博大精深，"坐"

是由两个"人"和一个"土"组成,"土"根据甲骨文字形,上象土块,下象地面,有土壤的意思。也有本地的、地方性故土的意思。因此,"坐"可以引申为众人依托移动短视频这一新兴行业的土壤与平台,利用其资源通过人们相互间的互动为故乡的城市品牌建设增添自己的一份力量,实现多方利益相关者共赢。

(四)重庆城市品牌形象传播案例

结合 SAT 城市品牌形象移动短视频传播模式图、重庆城市品牌形象定位和重庆城市移动短视频传播的特点,本书绘制重庆城市品牌形象移动短视频传播模式图,如图 5-2-2 所示。

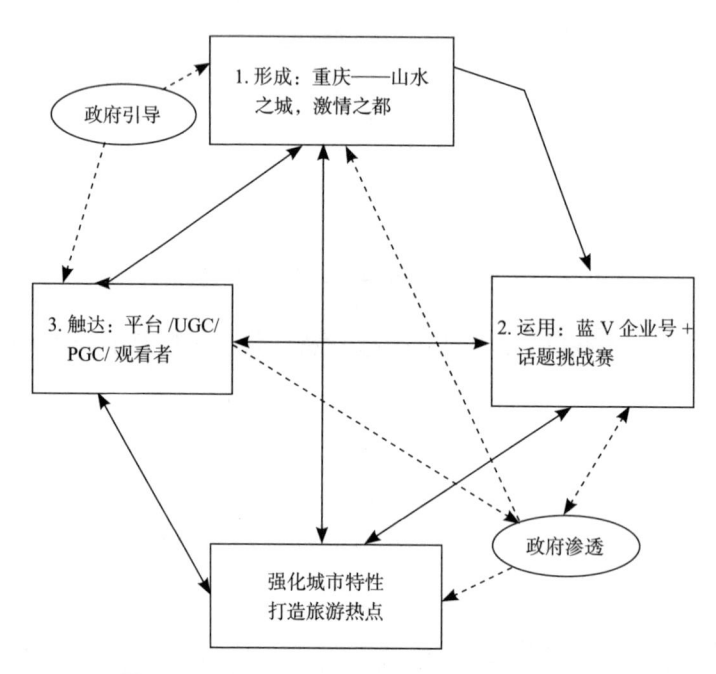

图 5-2-2 重庆城市品牌形象移动短视频传播模式

1. 形成

重庆城市品牌形象定位——山水之城,激情之都,"山是一座城,城是一座山",用这句话来形容重庆最贴切不过。它有着让导航都崩溃的 8D 魔幻,它是拥有 4500 多座桥梁的世界桥都,它的城市建设里藏满设计师的奇思妙想。老山城的历史韵味和新重庆的摩登都市只有一堵墙的间隔,现实生活与风格漫画的转变只需一次夜幕的降临。现代科技与历史文化完美相融,二三次元随意切换,这是一座处处都展现着与众不同的激情之都。本书整理抖音平台上重庆城市品牌形象相关话题，如表 5-2-3 所示。[①]

表 5-2-3　重庆城市品牌相关话题

可选话题	视频播放量	内容类型
重庆穿越之旅	35.7 亿次	城市景观
重庆美食	3.6 亿次	地方饮食
重庆解放碑	2.1 亿次	历史景点 / 城市景观
重庆火锅	2.1 亿次	地方饮食
洪崖洞	2.1 亿次	历史景点 / 城市景观
重庆李子坝	1.3 亿次	城市景观
重庆磁器口	1.1 亿次	历史景点 / 城市景观
重庆轻轨	6215.0 万次	城市景观

按重庆话题播放量的排行来看，城市景观、地方饮食、历史景点的相关内容点击量较多。同时，从抖音平台播放量前 100 的城市形象内容分布来看，这三项内容占比达到了 52%。可见，重庆的抖音短视频在内容分布上响应了抖音用户的喜好。通过进一步的内容分析发现，排行前 10 的内容都是依据重庆"山水之城，激情之都"的城市品牌形象定位来进行传播的。重庆火锅、地方饮食体现了激情美食吃得"辣"；历史文化、建筑文化体现了激情之旅游得"欢"。与此同时，"重庆穿越之旅""重庆李子坝"和"重庆轻轨"这三个话题间有一定关联，这得益于重庆市政府开展的整合营销传播活动。

2. 运用：蓝 V 企业号 + 话题挑战赛

蓝 V 账号是抖音针对企业开发的"官方账号"功能。企业主可以申请获得官方认证标识，并使用官方身份通过内容发布、用户互动、营销组件等多种形式打造品牌传播主阵地。

利用蓝 V 企业号制造专属热点型制造出话题，进而让用户参与挑战。由重庆市委网信办和重庆市文旅委共同发起的"走进重庆""2019 网络达人重庆行"和"旅游金点子征集活动"，单是在抖音上，视频的点击量就超过了 27 亿，今日头条阅读量达到了 8199 万，这场"搞笑"的传播带动了重庆多个区县的旅游业。

---

① 杨一翁，王瑜. 数字时代下城市品牌形象定位及传播 [M]. 北京：知识产权出版社，2020.

3. 触达：平台、内容生产者（UGC/PGC）、观看者

重庆政府采用了直接和网红/KOL合作的方式。这种方式通常适用于有明确营销需求和合作对象目标的情况，重庆政府希望和意向网红/KOL等内容生产者在短视频内容合作的基础上开展如产品代言、线下活动站台等更加深度多元的合作，让重庆旅游形象深入人心的同时增加了网红经济并掀起了观看群众自行前往重庆打卡的热潮。同时，网红们还可以通过平台提升知名度，广告主和未来投资者也可以明确投资方向。当地居民可以享受当地旅游经济带来的利好，外来旅游者也能通过打卡景点获得心理上的满足。

重庆在定位上从"第一江城"与"时尚之都"逐渐延伸为"山水之城"。一方水土养一方人，山城养育出充满激情的重庆人。重庆利用政府对旅游的扶持，利用与多平台合作，打造多个话题形成网红经济旅游地。

参考文献

[1] 石凤玲.城市品牌塑造模型研究[M].北京：旅游教育出版社，2022.

[2] 刘仁.城市品牌视觉形象设计研究[M].北京：世界图书出版公司，2018.

[3] 王勇.低碳城市与城市品牌[M].成都：西南交通大学出版社，2012.

[4] 张金环，张伟民.城市品牌生态系统协同演化研究[M].石家庄：河北人民出版社，2021.

[5] 王晖.创意城市与城市品牌[M].北京：中国物资出版社，2011.

[6] 于宁.城市营销研究：城市品牌资产的开发、传播与维护[M].沈阳：东北财经大学出版社，2007.

[7] 胡森.信息可视化与城市形象系统设计[M].长春：吉林摄影出版社，2019.

[8] 汤蓉.公益广告在城市形象建设中的优化研究[M].长春：吉林人民出版社，2020.

[9] 王玉玮.传媒与城市形象传播[M].广州：暨南大学出版社，2013.

[10] 邓瑛.南昌城市形象与公共艺术建设研究[M].苏州：苏州大学出版社，2017.

[11] 廖声武，郑永涛.媒介建构视阈下城市品牌传播研究[J].当代传播，2023（2）：50-54.

[12] 王铭曦.地域文化在城市品牌形象中的设计表现——以成都品牌形象设计为例[J].鞋类工艺与设计，2023，3（4）：102-104.

[13] 李姝颉.千城一面：城市品牌模式化的符号学分析[J].科技传播，2023，15（4）：96-98.

[14] 孙长恩.基于互联网时代的城市品牌营销策略分析[J].老字号品牌营销，2023（3）：25-27.

[15] 李兴国.李兴国：感受文化学与城市品牌规划[J].公关世界，2022（23）：10-15.

[16] 张晓旭，段秋婷.城市文化品牌符号系统文献回顾与研究展望[J].青年记者，2022（24）：58-60.

[17] 李一彪.文艺景观赋能创意城市品牌形象建构研究[J].美与时代（城市版），2022（12）：108-110.

[18] 邓伟升，朱协，文传浩.绿色品牌生态系统：概念内涵、赋能逻辑与研究议题[J].生态经济，2023，39（3）：39-46，56.

[19] 王昕.城市形象数据建构下的深圳城市品牌设计战略[J].包装工程，2023，44（2）：281-289，315.

[20] 余福.数字化时代新媒体如何传播城市品牌[J].中国报业，2021（21）：46-47.

[21] 张伟越.短视频视角下的西安城市形象传播研究[D].西安：西安工业大学，2022.

[22] 贾晓妮.节庆活动对城市形象传播的提升[D].济南：山东师范大学，2022.

[23] 安欣蕊.地域文化视角下的包头城市品牌形象设计研究[D].包头：内蒙古科技大学，2022.

[24] 蔡嘉美.粤港澳大湾区城市品牌生态位评价研究[D].广州：广东外语外贸大学，2022.

[25] 张楠.服务设计理念下高密城市品牌形象系统建设研究[D].济南：济南大学，2022.

[26] 姜瑞阳.可变式城市品牌识别设计研究[D].上海：上海师范大学，2022.

[27] 周港回.智慧城市品牌化与传播策略研究[D].杭州：杭州师范大学，2022

[28] 胡翔翔.疫情背景下主流媒体抖音短视频中武汉城市形象建构研究[D].长春：吉林大学，2022.

[29] 李萃翠.多维观照：大众传媒与城市形象建构研究[D].苏州：苏州大学，2014.

[30] 邢恩惠.城市营销模式与策略研究[D].阜新：辽宁工程技术大学，2005.

[31] 张坚.美声唱法在当代中国发展概论[D].西安：陕西师范大学，2008.